特殊学校生活品质导向的个别化教育实践模式

主　编　李　娜
副主编　陈　晖
编　委　张　燕　苏倩欣　谭艳玲　黄琳婷　叶叶秀
王小莉　理丽娜　李　伟　徐雯雯　周　静

广东高等教育出版社
Guangdong Higher Education Press
·广州·

图书在版编目（CIP）数据

特殊学校生活品质导向的个别化教育实践模式 / 李娜主编. —广州：广东高等教育出版社，2022. 9

ISBN 978 – 7 – 5361 – 7297 – 5

Ⅰ. ①特…　Ⅱ. ①李…　Ⅲ. ①特殊教育—教育研究　Ⅳ. ① G76

中国版本图书馆 CIP 数据核字（2022）第 147447 号

TESHU XUEXIAO SHENGHUO PINZHI DAOXIANG DE GEBIEHUA JIAOYU SHIJIAN MOSHI

出版发行	广东高等教育出版社 地址：广州市天河区林和西横路 邮编：510500　营销电话：（020）87551597　87551077 网址：www. gdgjs. com. cn
印　　刷	广州市番禺区友联彩印厂
开　　本	787 mm × 1 092 mm　1/16
印　　张	11
字　　数	198 千
版　　次	2022 年 9 月第 1 版
印　　次	2022 年 9 月第 1 次印刷
定　　价	40.00 元

序

个别化教育在国内的推行已历经了30多年，其理念的宣传和理论性的研究已取得大量的成果。在实践层面，特殊学校如何基于国情和校情全面实施个别化教育、如何将个别化教育理论转化为实践等成为全国众多特殊教育学校探索的重要内容。

广州市天河区启慧学校是一所培智类特殊学校，从2012年建校开始就致力基于智力/发展障碍学生的个体差异和特殊需要，探索、实施个别化教育，并结合本校办学条件、师资情况和学生特点等校内外条件进行了多轮的调整改革，积累了丰富的实践经验。自参与2019年广东省教育研究院开展的“广东省特殊教育学校个别化教育研究优秀成果征集活动”后，学校致力将个别化教育实践过程中积累的实践经验进行梳理、总结，上升为本土化的可推广、可复制的区域个别化教育模式，以充分发挥示范、指导作用。

本书是启慧学校个别化教育十年探索的成果，具有以下特点：

一是全面性。本书既对个别化教育核心概念、发展演进和理论基础等进行了全面梳理、阐述，也对特殊学校推行个别化教育的背景、理念、推进模型、教学模式、运行机制、效果、发展方向等实践与经验进行了概括、总结，将理论与实践有效结合。

二是可操作性。本书详细介绍了基于中国的国情在特殊学校实施个别化教育的可操作的方法、步骤，并列举了基于国家课程标准的个别化教育的翔实范例，对基层特殊学校推行个别化教育有直接的借鉴价值。

三是示范性。本书将实践经验上升为具有普遍价值的运行模式，并在广东省内其他特殊学校进行了试点试用，取得了良好的效果，因此，本书介绍的启慧学校的个别化教育经验、模式具有一定的示范、推广的价值。

个别化教育是提高特殊教育质量的前提和保障，让每一个孩子都拥有人生出彩的机会，是全体特教人共同努力的目标。相信以“生”为本的个别化教育一定能启迪智慧，让残疾学生绽放出精彩的人生。

让我们一起努力，创造特殊教育的美好未来！

南京特殊教育师范学院　　王辉
2022 年 7 月 18 日

目 录

第一章 个别化教育的概述

本章从个别化教育核心概念、国内外演进过程以及理论基础入手，介绍了个别化教育的核心概念、国内外个别化教育计划的相关法律法规的不断完善和个别化教育计划的演进过程。

第一节 核心概念

一、个别化教育

个别化教育是当前培智教育的核心理念。对于“个别化教育”目前还没有一个明确的、统一的定义。在《特殊儿童个别化教学设计与实施》中，张文京是这样阐述的：个别化教育建立在特殊儿童的生理学基础、心理学基础与社会学基础上，强调尊重每一个特殊学生个性，变以教材、教师为中心的教育为以儿童为中心的教育，面向社会，面向家庭，注重全生涯成长，建构支持系统，进行环境建设。① 在《特殊儿童个别化教育：理论、计划、实施》中，张文京和严小琴是这样阐述的：个别化教育尊重每位儿童的学习起点、学习能力，有不同的学习目标、要求，允许儿童按照自己的学习速度前进。②

① 张文京．特殊儿童个别化教学设计与实施［M］．重庆：重庆出版社，2008：24-25.

② 张文京，严小琴．特殊儿童个别化教育：理论、计划、实施［M］．重庆：重庆大学出版社，2015：7-9.

二、个别化教育计划

个别化教育计划（Individualized Education Program，简称 IEP）最先在美国特殊教育界提出和全面实施。1975 年，美国国会通过了《所有残疾儿童教育法》（*Education for All Handicapped Children Act*），即 94-142 公法。[①] 法案中首次提出要为每位接受特殊教育的残疾儿童制订个别化教育计划（Individualized Education Program），并对个别化教育计划的内容、参与设计的人员及设计的过程进行了规定。[②] 此后，人们在广泛地传播个别化教育计划的主要思想及理念的同时，也不断对个别化教育计划的定义进行了补充、完善和改进。1997 年，美国《残疾儿童教育法》中把个别化教育计划重新定义为：个别化教育计划团队根据法律规定为每个特殊儿童订立并修改的陈述。[③]

我国的法律法规中目前还没有对个别化教育计划的定义进行相关的规定，但有许多的学者对此进行了探讨和研究，提出了自己的观点和看法。朴永馨认为：个别化教育计划是指针对某种特殊需要和其中缺陷补偿而提出的整套教学计划的书面报告。[④] 张文京和严小琴则认为：个别化教育计划是为了落实个别化教学编拟的为某位学生提供的最适合其发展、给予最恰当教育服务的文件，是该学生在一定期限内的学习内容，一般情况下，0 ~ 3 岁儿童三个月拟订一个计划、3 ~ 6 岁儿童半年拟订一个计划、年龄大一点的儿童一年拟订一个计划。[⑤] 肖非曾经说过“个别化教育计划是特殊教育的基石”[⑥]。许家成也曾经论述过“实施个别化教育的关键是拟订适合特定残疾儿童的个

① REYNOLDS C R. 简明特殊教育百科全书［M］. 赵向东，译. 北京：华夏出版社，2013.

② 于素红. 美国个别化教育计划的立法演进与发展［J］. 中国特殊教育，2011（2）：3-8.

③ 郑蔚洁. 上海市小学随班就读学生个别化教育计划调查研究［D］. 上海：华东师范大学，2011.

④ 朴永馨. 特殊教育学［M］. 福州：福建教育出版社，1995.

⑤ 张文京，严小琴. 特殊儿童个别化教育：理论、计划、实施［M］. 重庆：重庆大学出版社，2015.

⑥ 肖非. 关于个别化教育计划几个问题的思考［J］. 中国特殊教育，2005（2）：9-13.

别化教育计划”[①]。由此可见，个别化教育计划在培智学校个别化教育中具有十分重要的地位。

第二节　演进过程

个别化教育最早可以追溯到我国古代孔子“有教无类”的教育思想。个别化教育的理念最早是美国提出并以法律的形式规定培智教育要实施个别化教育计划。我国大陆个别化教育实际运作模式重要源头之一是我国台湾的台北双溪模式。20 世纪 90 年代初，台北双溪启智文教基金会的专家首次将双溪的个别化教育模式引入重庆江津。此后，大陆专家纷纷提倡个别化教育。个别化教育是以个别化教育计划具体落实的，个别化教育计划的推进过程最能体现个别化教育的发展，国内外个别化教育计划的相关法律法规的不断完善体现了个别化教育计划的演进过程。

一、国外个别化教育计划的演进

（一）美国《所有残疾儿童教育法》的颁布背景

美国义务教育起步较早，其中特殊教育也被纳入义务教育体系中。1918 年，美国各州都颁布了义务教育法。[②]但是立法并没有完全保护残疾儿童的受教育权，他们不仅入学困难，即使有幸进入学校，也极易被开除。[③]残疾儿童家长及国会议员对此感到不满，大家开始关注残疾人的教育问题。

美国在南北战争结束后，于 1868 年通过了宪法第十四条修正案，以保障黑人奴隶享受各项正当权利。宪法规定，包括黑人在内的所有美国公民都受到法律的平等保护，但美国南部一些州仍在州法律中对学校、公共交通以及其他社会工作和生活领域实行黑白隔离制度。[④]美国因此爆发了大规模的

---

① 许家成．教育组织渐进变革，教育质量持续提升：我国推进个别化教育学术与实践的思考［J］．现代特殊教育，2018（19）：19-22.

② YSSELDYKE J E，ALGOZZINE R. Introduction to Special Education［M］. Boston：Houghton Mifflin Company，1990.

③ 牛悦．美国《残疾人教育法》中的个别化计划研究［D］．金华：浙江师范大学，2018.

④ 杨柳．从隔离到全纳：美国残疾人教育研究［D］．重庆：西南大学，2009.

反对种族隔离和歧视的群众运动，史称“民权运动”。民权运动影响深远，因个人的种族或残疾等无法改变的特征，使其处于被隔离的状态是违背宪法的。① 残疾儿童及其家长开始积极寻求法律的保护和支持。

残疾儿童家长及其支持者们提出残疾儿童应与非残疾儿童享有同样的受教育权，任何人都无权在未经法律允许的情况下剥夺残疾儿童的受教育权。残疾儿童家长纷纷以宪法第十四条修正案为依据，把拒收残疾儿童的公立学校告上法庭。其中宾夕法尼亚州智力落后儿童协会诉宾夕法尼亚州政府（Pennsylvania Association for Retarded Children v. Commonwealth of Pennsylvania）和米尔斯诉哥伦比亚特区教育委员会（Mills v. Board of Education of the District of Columbia）两起诉讼案的胜利，为《所有残疾儿童教育法》中的相关规定奠定了基础。②

通过美国民权运动和残疾儿童家长团体的努力，人人享有平等受教育权的理念深入人心。为维护残疾人的受教育权，促进残疾人的教育发展，1975 年 11 月 29 日，国会通过了第 142 号法案——《所有残疾儿童教育法》，即 94–142 公法。94–142 公法彻底改变了 20 世纪美国的特殊教育面貌。

（二）美国个别化教育计划立法演变

1975 年，美国国会通过了《所有残疾儿童教育法》，公法明确规定：各州必须为每一个接受特殊教育的学生制订一份书面的个别化教育计划（Individualized Education Program）。③ 该法案还规定了个别化教育计划的内容、时间、人员等。在个别化教育计划立法演进过程中，该法案的通过与实施被称为特殊教育发展历程中的关键点，起着里程碑式的作用。④

1986 年，基于《所有残疾儿童教育法》，美国国会又通过了《残疾婴幼儿教育法》（*Education of the Handicapped Act Amendments of* 1986），即 99–457 公法。该法案延伸了接受公立教育的残疾儿童的年龄，残疾儿童包括 0 ~ 2 岁的婴幼儿，还包括 3 ~ 5 岁的学前儿童，即使州法律尚未确定接受特殊教育的年龄阶段，但是婴幼儿和学前儿童仍然可以接受公立教育。⑤《残疾婴幼儿教育法》规定每个参与公立教育的婴幼儿，都可以享受政府提供的个别

---

①② YELL M L, ROGERS D, ROGERS E L. The Legal History of Special Education: What a Long, Strange Trip It's Been! [J]. Remedial and Special Education, 1998, 19(4): 219-228.

③ REYNOLDS C R. 简明特殊教育百科全书 [M]. 赵向东，译. 北京：华夏出版社，2013.

④ 许家成. 教育组织渐进变革，教育质量持续提升：我国推进个别化教育学术与实践的思考 [J]. 现代特殊教育，2018(19): 19-22.

⑤ 冬雪. 美国《残疾人教育法》研究 [D]. 北京：北京师范大学，2007.

化家庭服务计划（Individualized Family Service Plan，简称 IFSP）。

1990 年，美国国会通过了《残疾人教育法》（*Individuals with Disabilities Education Act*），即 101–476 公法。此法案明确《残疾人教育法》将替代 1975 年通过的《所有残疾儿童教育法》。两者的不同之处在于将“残疾”改为“障碍”，从而扩大了特殊教育的服务范围。《残疾人教育法修正案》的提出深受“以人为本”教育理念的影响。①

1997 年，美国国会通过了《残疾人教育法修正案》（*Individuals with Disabilities Education Act Amendments*），即 105–17 公法。此法案指出：不同年龄阶段的特殊儿童，个别化教育计划的内容应不同。如 16 ~ 21 岁的残疾学生需制订的是个别化衔接规划，3 ~ 21 岁残疾学生需制订的是个别化教育计划，0 ~ 3 岁残疾婴幼儿需制订的是个别化家庭服务计划。《残疾人教育法修正案》提出的主要目标在于全面提升特殊教育活动的实施效率，保证每位特殊儿童均能够享受到高质量的公立教育。②1975 年通过的《所有残疾儿童教育法》具有理想主义色彩，1997 年通过的《残疾人教育法修正案》增加了个别化教育计划的现实性。③

2004 年，美国国会通过了《残疾人教育促进法》（*Individuals with Disabilities Education Improvement Act of* 2004），即 108–446 公法。法案修订了特殊儿童家长的义务与职责。之后，又通过了《残疾人教育促进法》第二部和《残疾人教育促进法》第二部的补充说明④。与以往的法案内容相一致，《残疾人教育促进法》的实施目标在于通过强化教育评价、开设普通课程，提升特殊教育质量。对此，针对个别化教育计划中涉及的教育评价、普通课程设定做了要求，并提出了降低个别化教育计划工作数量、提升计划有效性与灵活性的目标。

2015 年，美国众议院与参议院通过了《每一个学生都成功法案》（简称 ESSA）。该部法案的颁布对特殊儿童家庭的变化在于家庭职能的改变。这一改变表现在以下几点：（1）强调所有家庭成员都需要积极参与教育过程；（2）强调家庭承担着无法推卸的关键性责任，家庭要以主动、积极的态度为特殊儿童的未来发展提供尽可能良好的环境与完善的支持；（3）强调家庭

①② 于松梅，侯冬梅．美国《障碍者教育法》的演进及其特殊教育理念［J］．辽宁师范大学学报（社会科学版），2008（4）：78-80.

③ 戴士权．美国特殊教育领域中个别化教育计划的立法演进及对我国的启示［J］．外国中小学教育，2018（5）：33-38，8.

④ 高杭．美国《残疾人教育法案》：法理、实践及其公平意义［J］．中国特殊教育，2010（7）：23-25.

参与范围延伸至学校改革、特殊儿童学习评估等多个方面。法案使家庭支持特殊教育服务更加规范化、一体化与综合化，从而切实提高特殊儿童家庭的生活水平与质量。①

对美国个别化教育计划的法律法规进行分析可知：第一，不断修正完善IEP包含的内容，个别化教育内容向两头延伸，往低龄延伸为个别化家庭服务计划（IFSP），往高龄延伸为个别化转衔计划（ITP）；第二，参与的人员不断扩大，从开始的以教师、家长为主要参与者，到现在教师、家长、学生本人、其他照顾者等均参与；第三，逐渐明确召开IEP会的时间，新生入学一个月内要召开IEP会，老生一年召开一次；第四，明确审查IEP实施情况的时间和内容，每年进行审查。

二、国内个别化教育计划的演进

20世纪80年代末，开始有学者介绍国外个别化教育计划的理念及做法，且有一些学校开始进行相关的实验，并取得了一些进展，但还处于试验阶段。②如：重庆向阳中心编制的《双溪发展性课程目标》，重庆师范大学编制的《弱智儿童适应性功能教育课程与实践》，均被国内特殊教育学校广泛采用。

我国自引入个别化教育以来，大量学者的研究和实践也推动了政策的落实。2007年，教育部在发布的《培智学校义务教育课程设置实验方案》中规定：学校应全面推进个别化教育，为每个智力残疾学生制订和实施个别化教育计划。这是我国第一次以政府文件的形式出台有关个别化教育计划实施规定，但文件中并未强制要求各个培智学校必须施行，也并未对个别化教育计划的内容、时间、监督和管理等做出明确规定。2017年，国务院在颁布的《残疾人教育条例》中规定：培智学校要为每一位学生制订个别化教育计划。这是我国第一次以法律法规的形式，对培智学校实施个别化教育计划提出具体要求。与此同时，教育部等七个部门提出第一期、第二期《特殊教育提升计划》，为实施个别化教育提供了具体办法，如入学登记制度中的“一人一案”、教育教学过程中的“差异教学”和“个别化训练”等。至此，我国从法律层面对个别教育计划有了具体的要求和指引，为培智学校开展个别化教育计划提供了指导方向。

① 戴士权．美国特殊教育领域中个别化教育计划的立法演进及对我国的启示［J］．外国中小学教育，2018（5）：33-38，8.

② 肖非．中国的随班就读：历史·现状·展望［J］．中国特殊教育，2005（3）：3-7.

（一）特殊教育教师对个别化教育计划的态度

近年来，在国家政策的导向下，许多学校都尝试通过拟定个别化教育计划提高特殊儿童的教育质量。董瑞雪采用自编态度问卷对 39 名特教教师进行了问卷调查。研究显示，特教教师普遍对 IEP 的实施持积极态度，十分愿意了解和学习 IEP 的专业知识，对 IEP 的发展前景充满信心，但对 IEP 的流程不熟悉。① 陈琳对培智学校成功实施个别化教育计划的探析中显示，大部分一线特殊教育教师在实施 IEP 时，态度比较积极，但是由于缺乏专业技术，实施效果一般。② 目前的研究结果显示，特殊教育学校和教师对个别化教育计划普遍持积极态度，但是因缺乏专业知识支撑，个别化教育计划在培智学校的落实情况欠佳。

（二）个别化教育计划拟定的质量

IEP 是专门为特殊儿童设计的教育计划，以书面形式对特殊儿童的教育内容、目标、安置形式等进行了明确规定。IEP 拟定的质量直接关系特殊儿童的受教育质量的高低。张琴在硕士论文中提出，随班就读学生的个别化教育计划中应包括以下几方面：（1）学生及家庭基本情况的介绍；（2）学生现有能力的评估；（3）教育方式和安置措施；（4）长短期目标；（5）转衔计划。文本填写应将勾选与开放式填写的方式相结合，以减轻特殊教育教师的工作量。调查表明，以上内容得到特殊教育教研员的认可。③ 朱媛媛和于素红对九年级随班就读学生 IEP 分析的研究中发现：IEP 不连贯、教学方案制定不科学、目标设置宽泛、目标达成率较低。④ 姚向煜以随班就读学生为例，分析了 IEP 执行情况，结果显示：（1）学校不重视特殊学生的安置工作；（2）IEP 的制订、实施以及目标达成的评价制度不完善；（3）IEP 对于随班就读学生的课程、学习内容等方面没有起到导向作用；（4）家长的参与度极低；（5）缺乏专业人员、评估工具以及资金。⑤

① 董瑞雪．对个别化教育计划实施态度的调查研究：以某市特殊教育中心为例［J］．南京特教学院学报，2013（9）：43-47.

② 陈琳．培智学校成功实施个别化教育计划探析［J］．绥化学院学报，2013，33（7）：83-87.

③ 张琴．随班就读生个别化教育计划文本编制的研究［D］．上海：华东师范大学，2007.

④ 朱媛媛，于素红．九年级随班就读学生个别化教育计划文本分析研究［J］．中国特殊教育，2011（10）：14-21.

⑤ 姚向煜．随班就读学生 IEP 制定与实施现状的调查：以南京、常熟为例［J］．南京特教学院学报，2012（6）：46-52.

（三）个别化教育计划的实施

于素红在分析个别化教育计划的现实困境与发展趋势时指出，实施 IEP 能促进教学质量的提升，能促进教师开展针对性教学，能促进特殊儿童的成长和进步。① 陈琳在《培智学校成功实施个别化教育计划探析》一文中指出，拟订 IEP 在完整的培智教育流程中起到承上启下的关键作用。IEP 的内容是依据不同评估的结果综合考虑后得到的结论，充分表达了学校的教学理念，对于教学的标准和教学的成果起到了较大的检验作用。可以说，为学生制订的 IEP 在特殊教育中起到至关重要的作用，是不容忽视的。②

（四）个别化教育计划实施中存在的困境和问题

我国个别化教育计划的研究仍处于探索阶段，对 IEP 的拟定没有明确统一的规定，特教教师在拟定、实施 IEP 时会遇到各种困境和问题。肖非认为在个别化教育计划的拟定过程中，还存在着科学性和真实性的问题。由于 IEP 拟定的主体是人，因此，不能够忽视主观上的因素。个别化教育计划中教学目标的制订中还存在着随意性和主观性。通过对大量 IEP 的调查发现，不少 IEP 还存在着目标制定不合理、年度教育规划出现问题、相关服务缺失等现象，这些都导致了 IEP 的拟定具有经验性和随意性。③ 黄朔希指出，制订个别化教育计划的人员结构存在较大漏洞，行政人员、家长的参与度较低，特教教师需要单独完成 IEP 的拟订工作。④ 刘明清指出，目前个别化教育计划拟订时不全面、不系统，如特殊儿童的评估过程不严格、没有明确的教育目标、教学策略不合理、各专业成员之间缺乏相互配合的意识。⑤ 邓猛与郭玲从操作层面提出，我国近几十年的 IEP 发展不尽如人意。许多 IEP 的拟订都是停在表面，缺乏一套科学有效的 IEP 管理机制，无法真正地实施。有些是为了应付检查或迫于上级的压力，拟订出过于形式化的文本内容。⑥ 姚向煜的研究结论表明，IEP 的核心内容就是长期目标和短期目标，并且要

① 于素红．个别化教育计划的现实困境与发展趋势［J］．中国特殊教育，2012（3）：3-8，27.

② 陈琳．培智学校成功实施个别化教育计划探析［J］．绥化学院学报，2013，33（7）：83-87.

③ 肖非．关于个别化教育计划几个问题的思考［J］．中国特殊教育，2005（2）：9-13.

④ 黄朔希．台湾个别化教育计划的理念与实践［J］．宁德师专学报（哲学社会科学版），2007（4）：87-89.

⑤ 刘明清．对特殊儿童个别化教育过程中两个问题的探讨［J］．文教资料，2009（7）：159-161.

⑥ 邓猛，郭玲．西方个别化教育计划的理论反思及其对我国特殊教育发展的启示［J］．中国特殊教育，2010（6）：3-7.

形成一定的文本内容。因此，需要分析个别化教育计划的文本内容和长短期教学目标。而在 IEP 文本内容方面存在的主要问题是转衔服务和长短期目标的不完整。最终结果表明，拟订的 IEP 并没有很好地发挥对课程的指导作用。①

以往关于个别化教育计划的研究多停留在理论和实施层面，包括个别化教育计划的立法演进与发展、中美个别化教育计划的比较、个别化教育计划在中国的实施等，对培智学校个别化教育计划开展情况的研究较少，缺乏我国本土化的个别化教育计划拟订状况的研究。培智学校是对特殊儿童实施个别化教育计划的主要阵地，肩负着拟订个别化教育计划的主要责任。因此，研究培智学校个别化教育计划的现状，有助于我国进一步完善和推进个别化教育计划。

三、个别化教育计划的发展趋势

在实施个别化教育计划的过程中，学者和教师们发现个别化教育计划虽然越做越复杂，但是成效并不显著。于是围绕着个别化教育的“简明而有效”，个别化教育计划进行了一系列的变革发展②。一是走向更个性化的个别化教育。个别化教育计划拟订后，根据儿童的变化来不断调整教育计划，提供更符合学生个人发展需求的教育。二是追求“简明而有效”的个别化支持计划（Individualized Support Plan，简称 ISP）。与个别化教育计划相比，个别化支持计划关注视野更广，除了强调以儿童为主体、强调成果导向、强调儿童的自我决定等要素外，还关注他人提供的自然支持、专业支持、科技支持与无障碍环境建设等外部因素。

第三节　个别化教育的主要理论基础

一、多元智能理论

培智学生个体内部发展存在差异性，如理解能力、说话能力、注意力、

---

① 姚向煜．随班就读学生 IEP 制定与实施现状的调查：以南京、常熟为例［J］．南京特教学院学报，2012（6）：46-52.

② 许家成．教育组织渐进变革，教育质量持续提升：我国推进个别化教育学术与实践的思考［J］．现代特殊教育，2018（19）：19-22.

空间关系能力、自我控制等方面表现出发展的不平衡和达到的水平不一致。加德纳的多元智能理论为培智学生的教育提供一个指引。多元智能理论认为人类的智能可归纳为语言智能、逻辑数理智能、空间智能、音乐智能、身体运动智能、人际沟通智能、自我认识智能、自然观察智能。多元智能理论相信每个人与生俱来的智能的种类可能不同，但在生命终结时特定的智能的种类肯定不同。这种潜能只有在那些奇特的个体上，才以单一的形式表现出来，除此之外，几乎在所有的人身上，都是数种智能组合在一起解决问题或生产各式各样的、专业的和业余的文化产品。①

在培智学生的教育过程中，特教教师或家长们要挖掘他们各自的最大潜能，发现他们自身优异的智能，对其进行潜能开发，使每一个培智学生得到最大的发展，个性得以实现。开发培智学生的潜能并补偿其缺陷，个别化教育无疑是最好的方式。

二、最近发展区理论

由苏联教育家维果斯基提出的“最近发展区”，是从教育角度看待儿童发展的教育发展观。维果斯基在该理论中将学生的发展分为现有发展水平与学生可能的发展水平。一个学习者能独立达到的水平与在一个技能更为娴熟的参与者的指导和鼓励下能达到的水平，两者之间的差距为学习者“最近发展区”。教学创造着“最近发展区”，第一个发展水平与第二个发展水平之间的动力状态是由教学决定的。②

在个别化教育的实施过程中，学生的“最近发展区”就是其个别化教育目标。教师先通过评估找到学生的“最近发展区”，制定个别化教育目标，再通过教学，帮助学生最终实现从“第一个水平”到“第二个水平”的过渡。

三、差异性理论

人与人不同，你和我、他和她各有特点。正是这些差异、这些不同组成了千姿百态的人类社会。有特殊教育需求的人群与整个人群有差异，有特殊教育需求的人群中盲、聋、肢体障碍、智力障碍各组群间也有差异，同组群

① 田友谊. 多元智能理论视野中的特殊教育［J］. 中国特殊教育，2004（1）：16-20.

② SHAFFER D R，等. 发展心理学［M］. 邹泓，译. 北京：中国轻工业出版社，2013：257-266.

中个体与个体间有差异，各个体内部也有差异。

个体间差异指不同个体存在生理和心理上的差异性，如视力、听力的不同，智力、行为的不同等。特殊教育出现的主要原因之一是同龄学生在学业成绩和学习能力方面存在巨大的差异。心理学和教育中研制的大多数测验（智力、阅读拼写、计算等测验），都是测量个体间差异的。因为个体间差异现象的存在，所以需要不同的教育安置和教育教学方案。

个体内差异指个体的内部不同能力之间存在差异。个体内差异也是特殊教育中的一个重要概念，它可以帮助教师更好地理解同一个学生既有优势能力也有弱势能力，为制订个别化教育计划提供信息。教师可以依据个体内差异对儿童进行能力分组，或者按照某种能力的强弱组织训练计划。

特殊儿童的差异性表现在如下方面：（1）特殊儿童与普通儿童的差异，特殊儿童与普通儿童之间在身心发展速度和水平上存在差异；（2）特殊群体与个体间的差异，特殊儿童个体可能表现出与本群体不同的特征，如智力障碍者一般不会有广泛的社会交往，但某位智力障碍儿童可能与同伴相处得很好；（3）特殊儿童个体与个体之间的差异，表现在特殊症状的出现时间、障碍程度、行为表现、心理发展水平、学习特质、学习态度等方面的不同；（4）特殊儿童个体内部发展中的差异，特殊儿童个体自身发展也不平衡，如某个阶段可能进步比较大，某个阶段可能发展减慢停滞甚至后退。特殊儿童个体自身在语言理解、表达、注意力、空间关系能力、动机或自我控制等方面差异性较大，表现出发展的不平衡和达到的水平不一致。个别差异的显著存在是特殊儿童的一大特点，其形成原因很复杂，由生理的、心理的、内部的、外部的、社会的、实践的各种复杂交错的因素共同影响而成。①

特殊儿童个体间和各个体内部差异均巨大，各有自身的特点。因此统一教学，如统一目标、统一计划、统一教材、统一教学速度、统一教学方法、统一考试题目，不符合特殊儿童身心发展特点，而个别化教育能较好地尊重特殊儿童身心发展特点。

四、人本主义理论

传统的教育模式是以教师为中心，注重教师在教学中的主导地位，教师更关注学生集体的发展需要。随着人本主义心理学的兴起，在 20 世纪 50 年

① 张文京，严小琴．特殊儿童个别化教育：理论、计划、实施［M］．重庆：重庆大学出版社，2015：26-28.

代，人们开始批判“以教师为中心”的教学模式。人本主义心理学的教育观主张开展教育改革运动，倡导以学生为中心的全人化教育，从此开启了“以学生为中心”的教育思潮。教育的对象是人，教育的目的是培养人，而特殊教育尊重特殊儿童的独特性，保护每一个儿童接受平等教育的机会，关注每一个儿童的成长，满足每一个儿童发展的需求，这正是以人为本思想在教育领域中的体现。

特殊教育工作者相信，每一个人的生命都有自己不同的“样子”。由于先天或后天各种因素的影响，特殊儿童不能像普通儿童那样用眼睛观察世界或用耳朵聆听声音，也因认知能力的限制无法很好地理解这个复杂的世界。但是每一个特殊儿童都有自己认识世界的独特方式，都有自己独立的人格和精神世界。

每一个生命都有无限发展的可能性，每一个儿童都具有学习的能力，每一个特殊儿童也都具有学习的能力，必须给予每一个特殊儿童受教育的机会和权利。特殊教育中的“零拒绝”原则，就是禁止学校将任何一个特殊儿童排除在公立的义务教育之外。不论特殊儿童的障碍程度多么严重，都应该享有受教育的机会和权利。特殊教育践行了“每一个儿童都具有学习的能力”的教育理念。越来越多的重度特殊儿童进入特殊教育学校，接受相应的康复训练。特殊教育工作者努力通过各种教育和康复方法，提高特殊儿童的生活品质。

特殊教育工作者不仅要关注用什么样的教育方法教会特殊儿童掌握知识技能，还要关注特殊儿童掌握知识的过程，潜心研究特殊儿童教育教学的规律和特点，努力让特殊儿童和普通儿童一样掌握知识技能。特殊教育的可贵之处，在于它能不断地阐述人性的优点，用尽一切方法表达对生命的尊重。特殊教育不仅关注学校内的课堂教学、关心教育教学质量的提高，还能务实地看到特殊儿童，关心他们将来的人生发展。在培智学校中，每一个特殊儿童都是独立的个体，都有自己的需要，特殊儿童的需要是学校发展的根本动力。

伴随着人类社会的进步，教育越来越注重平等，即每一个儿童都应拥有平等的受教育权利。受教育权是每个公民的基本权利，智能障碍儿童理应享有受教育的权利。依据特殊儿童身心发展特点制订的个别化教育计划恰好践行了以人为本的教育理念。

第二章
特殊学校个别化教育的推行背景

本章从特殊教育国家政策法规的导向性指引、障碍学生的差别性需要以及广州市天河区启慧学校发展的现实性困境出发，阐述在特殊学校推行个别化教育的必要性、重要性和紧要性。

第一节　政策法规的导向性指引

特殊教育的发展是一个国家文明程度的标志，对于实现教育和社会公平有着重要的意义。尽管迄今为止我国还没有专门的特殊教育法，但是为推进特殊教育的快速发展，国家在近十年来先后颁布了一系列与特殊教育相关的法律法规，其中不乏涉及个别化教育和个别化教育计划的重要条款。

一、《中华人民共和国残疾人教育条例》

由国务院批准的《中华人民共和国残疾人教育条例》（1994 年颁布，2017 年修订）对保障残疾人受教育的权利、发展残疾人教育事业提出了明确要求。其中，第二章“义务教育”第 24 条规定：“残疾儿童、少年特殊教育学校（班）应当坚持思想教育、文化教育、劳动技能教育与身心补偿相结合，并根据学生残疾状况和补偿程度，实施分类教学；必要时，应当听取残疾学生父母或者其他监护人的意见，制订符合残疾学生身心特性和需要的个别化教育计划，实施个别教学。”①

二、特殊教育提升计划（2014—2016 年）

2014 年，教育部等七部门联合印发《特殊教育提升计划（2014—2016 年）》，成为新时期加快推进特殊教育发展、大力提升特殊教育水平、切实保障残疾人受教育权利的纲领性计划。其中，主要举措的第 4 条“加强特殊教育基础能力建设”中规定“为残疾学生提供个别化教育和康复训练”，第 6 条“深化特殊教育课程教学改革”中规定“改革教育教学方法，加强个别化教育，增强教育的针对性与有效性”②。

三、第二期特殊教育提升计划（2017—2020 年）

在《特殊教育提升计划（2014—2016 年）》收官的基础上，为全面贯彻党中央、国务院关于办好特殊教育的要求，落实《国家教育事业发展“十三五”规划》《“十三五”加快残疾人小康进程规划纲要》，进一步提升特殊教育水平，2017 年教育部等七部门联合印发《第二期特殊教育提升计划（2017—2020 年）》。其中，在主要措施“（六）大力推进特殊教育课程教学改革”中明确提出“推进差异教学和个别化教学，提高教育教学的针对性”③。个别化教育成为深化特殊教育教学改革的重要举措。

四、“十四五”特殊教育发展提升行动计划

2022 年 1 月，《国务院办公厅关于转发教育部等部门“十四五”特殊教育发展提升行动计划的通知》（国办发〔2021〕60 号）正式颁布，部署各地加快推进特殊教育高质量发展。其基本原则中明确提出“尊重残疾儿童青少

---

① 中华人民共和国中央人民政府．残疾人教育条例［EB/OL］.（2017-02-01）. http://www.gov.cn/zhengce/content/2017-02/23/content_5170264.htm.

② 教育部、发展改革委、民政部，等．特殊教育提升计划（2014—2016 年）［J］. 基础教育参考，2014（7）：4-7.

③ 中华人民共和国中央人民政府．教育部等七部门关于印发《第二期特殊教育提升计划（2017—2020 年）》的通知（教基〔2017〕6 号）［EB/OL］.（2017-02-17）. http://www.gov.cn/xinwen/2017-07/28/content_5214071.htm.

年身心发展特点和个体差异，做到因材施教，实现适宜发展”[①]。个别化教育正是尊重残疾儿童的个体差异、因材施教的核心举措。

五、培智学校义务教育课程设置实验方案

根据《中华人民共和国义务教育法》《国务院关于基础教育改革与发展的决定》和《基础教育课程改革纲要（试行）》，为构建符合素质教育要求的新的特殊教育课程体系，2007 年教育部印发《盲校义务教育课程设置实验方案》《聋校义务教育课程设置实验方案》和《培智学校义务教育课程设置实验方案》，并明确要求全国盲、聋、培智学校根据新课程设置实验方案，改进教育教学工作。其中，《培智学校义务教育课程设置实验方案》中明确指出“学校应全面推进个别化教育，为每个智力残疾学生制订和实施个别化教育计划”[②]。

六、培智学校义务教育课程标准

为贯彻落实《国家中长期教育改革和发展规划纲要（2010—2020 年）》和《特殊教育提升计划（2014—2016 年）》的有关部署，适应新时期办好特殊教育的要求，进一步提高特殊教育质量，2016 年教育部发布实施《盲校义务教育课程标准（2016 年版）》《聋校义务教育课程标准（2016 年版）》和《培智学校义务教育课程标准（2016 年版）》。其中，《培智学校义务教育课程标准（2016 年版）》中明确指出：“教师应公正地对待学生的差异，通过教育评估，了解学生的学习特点，找到每位学生的学习起点和最近发展区，通过对个案综合分析，确定教学目标、教学内容和教学重点，选择合适的教学策略与方式，并据此实施个别化教育”。[③] 国家课标中的相关

---

① 中华人民共和国中央人民政府．国务院办公厅关于转发教育部等部门“十四五”特殊教育发展提升行动计划的通知（国办发〔2021〕60 号）[EB/OL].（2022-04-01）. http://www.gov.cn/zhengce/content/2022-01/25/content_5670341.htm.

② 中华人民共和国教育部．培智学校义务教育课程设置实验方案[EB/OL].（2007-02-02）. http://old.moe.gov.cn/publicfiles/business/htmlfiles/moe/s3331/201112/xxgk_128271.html.

③ 中华人民共和国教育部．培智学校义务教育课程标准（2016 版）[EB/OL].（2016-12-01）. http://www.moe.gov.cn/srcsite/A06/s3331/201612/t20161213_291722.html.

规定，既明确了个别化教育在培智学校推行的依据，同时也在具体的操作细节上给予了政策性指引。

七、地方性政策法规与条例

在国家特殊教育相应政策法规出台的基础上，广东省、广州市相继出台一系列地方性政策法规与条例，对国家政策法规的贯彻落实提出了具体、细化的规定和要求。

（一）广东省第一期、第二期特殊教育提升计划

为贯彻落实国家特殊教育第一期、第二期提升计划，广东省相继出台了配套的两期特殊教育提升计划。一方面，在相应的条例制度上维持了与国家要求的一致性，将个别化教育作为提升特殊教育质量，深化特殊教育教学改革的重要举措；另一方面，省政府与各地级以上市政府签订了落实特殊教育计划责任书，督促落实特殊教育提升计划的完成情况。2017 年，在广东省第一期特殊教育提升计划收官总结报告中，“特殊教育课程教学改革”成为广东省特殊教育发展的一张名片。

（二）广东省促进特殊教育公平融合发展行动方案

2019 年，广东省教育厅等八部门联合颁布《广东省促进特殊教育公平融合发展行动方案》（粤教基〔2019〕30 号，以下简称行动方案）。行动方案两次提到了与个别化相关的规定。其中，第一章“全面提高特殊教育普及水平”第 1 条规定“按照‘全覆盖、零拒绝’的要求，通过普通学校就读、特殊教育学校就读、儿童福利机构（含未成年人救助保护机构）特教班就读、送教上门等多种方式，落实‘一人一案’，做好教育安置”；第六章“大力推进特殊教育课程教学改革”第 24 条明确指出“推进教育教学与评价改革。根据学生残疾状况、潜能开发和补偿程度，制定符合残疾儿童身心特征和需求的个别化教育方案，实施个别化教学”。①

（三）广州市第二期特殊教育提升计划（2018—2020 年）

广州市委市政府高度重视特殊教育事业发展，将特殊教育的发展水平纳入文明城市建设和幸福广州建设的目标。为全面贯彻落实党的十九大关于“办好特殊教育”的精神，持续推进广州市特殊教育纵深发展，市教育局制订《广州市第二期特殊教育提升计划（2018—2020 年）》，并明确将“初步

---

① 广东省教育厅．关于印发广东省促进特殊教育公平融合发展行动方案的通知［EB/OL］．（2019-10-30）．http：//edu.gd.gov.cn/zxzx/tzgg/content/post_2675805.html．

建成具有广州特色的特殊教育课程资源库及 IEP（个别化教育）资源库，特殊教育课程校本化初见成效，特殊教育质量显著提升”作为广州市特殊教育发展目标。此外，主要措施的第七条“大力推进课程改革，提高教育教学质量”中提出“深化市、区特殊教育教研机构与区域内外高校合作，借助专业力量成立 IEP 指导团队。建立 IEP 开发流程，制定实施模式，编制指导手册，加强过程指导及教学评估，切实提升个别化教育质量”。计划的制订和实施将有力推进广州市特殊教育内涵发展，全面提升广州特殊教育质量。①

从上述国家政策、地方性规章或条例的规定可以看出，在特殊教育领域推进个别化教育已经成为我国特殊教育事业迅速、高效发展的迫切需要，也成为落实残疾儿童享有公平而有质量的教育目标的重要举措。

第二节　障碍学生的差别性需要

随着我国教育改革“以生为本”思潮的回归，学生成为教育教学中最核心的考虑因素。因此，特殊学校所服务的障碍学生的差别性需要就成为推进教育教学向纵深发展、提升教学质量的重要因素。在我国特殊教育的发展历程中，不同障碍程度的特殊学生的教育安置形式发生了一系列的变化，而特殊学校所服务的中重度障碍学生也在发展中呈现个体内部和个体之间差异性明显的突出特征。

一、障碍学生的教育安置转型

近十年，我国特殊教育经历了飞跃式的发展，适龄残疾儿童少年义务教育基本普及。“十三五”期间，全面完成了《第二期特殊教育提升计划（2017—2020 年）》确定的各项任务，我国特殊教育取得了前所未有的成就，呈现出崭新的面貌。2021 年 3 月 1 日，教育部发布 2020 年全国教育事业统计主要结果：2020 年，全国共有特殊教育学校 2 244 所，招收各种形式的特殊教育学生 14.90 万人，在校生 88.08 万人，特殊教育学校共有专任教

① 中华人民共和国中央人民政府．教育部等七部门关于印发《第二期特殊教育提升计划（2017—2020 年）》的通知（教基〔2017〕6 号）[EB/OL]．(2017-07-17)．http://www.gov.cn/xinwen/2017-07/28/content_5214071.htm.

师 6.62 万人①。我国残疾人教育普及水平显著提高，义务教育普及水平达到历史新高，残疾儿童少年义务教育入学率达到 95% 以上。残联与教育部门紧密配合，建立数据共享机制，“一人一案”安置适龄残疾儿童少年入学。

（一）随班就读学生规模的日趋扩大

推进残疾儿童尽可能全面充分地融入普通学校，为他们提供既公平又有质量的教育，成为新时代进一步实现残疾人平等权利和尊严、提升残疾人生命价值的新要求。2020 年 6 月，《关于加强残疾儿童少年义务教育阶段随班就读工作的指导意见》出台，“以普通学校随班就读为主体、以特殊教育学校为骨干、以送教上门和远程教育为补充，全面推进融合教育的基本原则”②得到贯彻落实。近年来，广东省各地落实《残疾人教育条例》要求，大力实施融合教育，推进随班就读工作，学生规模不断扩大，质量稳步提升。据 2019—2020 学年统计，广东省特殊教育在校生 52 869 人，其中随班就读学生 21 446 人，占全省特殊教育学生总数的 40.56%，如图 2-1 所示③。

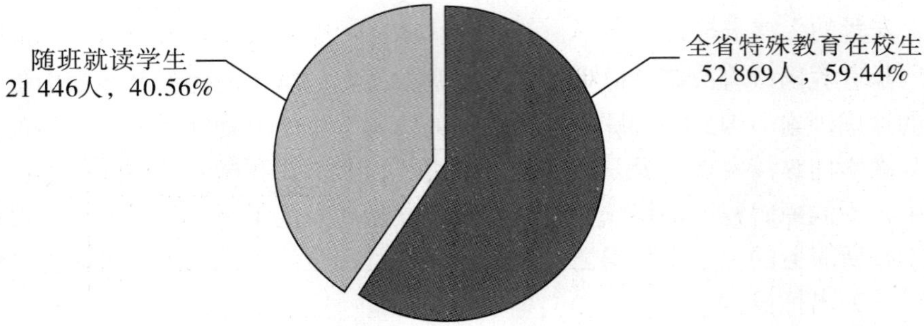

图 2-1　广东省特殊教育在校生比例

（数据来源于广东省第一期特殊教育提升计划成绩单）

国家《特殊教育提升计划（2014—2016 年）》中提出“扩大普通学校随班就读规模。尽可能在普通学校安排残疾学生随班就读，加强特殊教育资

① 教育部：2020 年全国共有各级各类学校 53.71 万所，在校生 2.89 亿人［EB/OL］.（2021-03-01）. https://baijiahao.baidu.com/s?id=1693017088435392301&wfr=sp.

② 中华人民共和国中央人民政府. 教育部等七部门关于印发《第二期特殊教育提升计划（2017—2020 年）》的通知（教基〔2017〕6 号）［EB/OL］.（2017-07-17）. http://www.gov.cn/xinwen/2017-07/28/content_5214071.htm.

③ 广东省人民政府. 广东省教育厅等八部门关于印发《关于加强残疾儿童少年义务教育阶段随班就读工作的实施细则（试行）》的通知［EB/OL］.（2020-12-21）. http://www.gd.gov.cn/zwgk/gongbao/2020/36/content/post_3367042. html.

源教室、无障碍设施等建设，为残疾学生提供必要的学习和生活便利”。在这一政策指引下，随班就读正在逐步成为轻度和中度有特殊教育需要的学生就近入学、接受义务教育的主体安置形式。作为特殊学生的两种不同的教育安置方式，普通学校随班就读的开展以及质量提升，也会对特殊教育学校提出更高的要求。面对着特殊教育学校服务对象逐渐集中于中重度障碍、多重障碍学生的现实，特殊教育学校的教育如何向纵深发展、学校教育功能如何进一步辐射拓展也成为特殊学校教育转型的趋势。个别化教育成为推进特殊教育学校的教育教学改革的可行路径。

（二）分级障碍儿童的教育安置体系

普及残疾儿童义务教育是特殊教育二期计划重中之重的任务，为实现广东省残疾儿童义务教育入学率达到 95% 的目标，关键是要以县（市、区）为单位，落实“一人一案”，核实未入学适龄残疾儿童少年情况，通过普通学校就读、特教学校就读、送教上门等多种方式，逐一做好教育安置。[①] 为此，广东省明确了对于不同障碍程度、教育需要的残疾儿童少年采用不同的教育安置的形式来提升入学率，其中特殊教育学校就读方式主要面向中重度残疾儿童来实施义务教育。如图 2-2 所示。

优先采用普通学校随班就读的方式

· 就近安排适龄残疾儿童少年接受义务教育。

采用特殊教育学校就读方式

· 对中重度残疾儿童实施义务教育。

采用送教上门方式

· 对不能到校就读、需要专人护理的重度残疾儿童少年实施义务教育。对送教上门的学生要纳入学籍管理，加强人财物保障。

图 2-2　广东省分级障碍儿童教育安置体系

（转引自广东省第二期特殊教育提升计划）

（三）特殊教育学校服务对象

随着融合教育的发展，特殊学校招收学生的主要对象主要集中为“中重度智力障碍儿童少年”，且伴随自闭症、脑瘫、情绪行为障碍、沟通障碍

---

① 广东省教育厅．广东实施第二期特殊教育提升计划，2020 年残疾儿童少年义务教育入学率要达到 95% 以上［EB/OL］．(2018-01-26)．https：//mp.weixin.qq.com/s/7XAqEUyBKreAr8OtGHQVWw.

等多重障碍的学生日渐增多。学生的障碍类型多样，障碍程度迥异，无论是个体之间，还是个体内部发展中都存在巨大的差异性，特殊学校传统的集体教学模式、教材、内容与教学策略已明显不足以适应学生的差异性需求。因此，立足中重度智力障碍学生个体差异，精确评估了解学生不同的学习起点，尊重学生不同的接受能力，制定适切的学习目标，设计可行的学习策略，提供精准的支持等要求使得个别化教育成为特殊学校教育教学的核心要素和可行路径。

二、广州市天河区启慧学校的学生概况

（一）学生障碍类型

广州市天河区启慧学校作为广州市新中心城区天河区的公办培智类特殊教育学校，主要招收中重度智力与发展性障碍的儿童少年。以 2020—2021 学年为例，学校全日制学生 155 人（不含送教上门），学生障碍类型主要有自闭症、智力障碍、脑瘫和其他障碍等，其他障碍主要是指可知的先天疾病、染色体异常、小胖威利综合征等，具体数据详见图 2-3。其中多数孩子伴有言语、情绪、肢体等多种形式的障碍，因此，多重障碍学生占比较大。

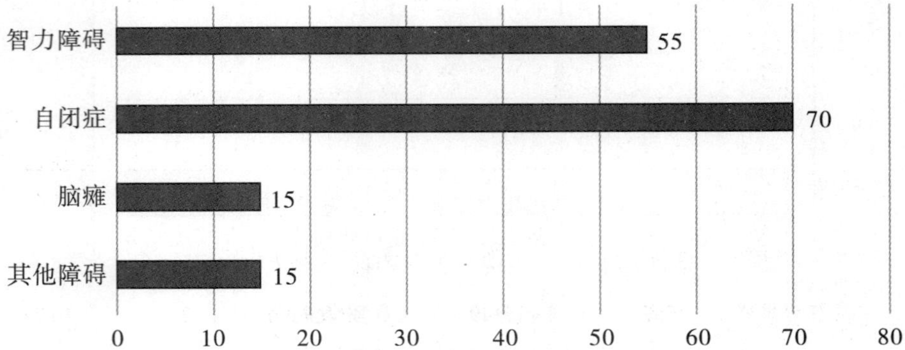

图 2-3　广州市天河区启慧学校 2020—2021 学年学生障碍类型人数分布图

从障碍类型的分布可以看出学校学生障碍类型多样，不同障碍类型的学生其学习特质不同。因此，教师在教育教学过程中应采用适合不同障碍类型学生学习特质的教学策略，以期最大限度地提升学生能力。主要障碍类型学生占比及对应教学策略如下。

（1）唐氏综合征等智力发育迟缓的学生约占 35.48%。这部分儿童思维大多仍局限于当前的具体情境，其学习所需要的知识单元多为具体的、单一

的，分析、抽象与概况能力的缺乏使他们不能将知识单元灵活、合理、触类旁通地运用①。因此，学校的教育教学应该重视直观教学、情境教学等教学策略。

（2）自闭症学生占比高达45.16%。这部分儿童较多为处于自闭症谱系障碍当中较重一侧的儿童，伴有不同程度的智力障碍、语言障碍、情绪行为障碍等。研究显示，自闭症儿童由于感觉统合失调导致的共同注意力缺失、信息处理单通道模式、思维发展中的特殊视觉或听觉思维方式等，构成其特有的学习特质。因此，在教学过程中，应尽可能采用以细节关注、抽象具体化、机械记忆力为主导形式的记忆发展模式及教学策略，以及自闭症儿童特有的视觉、听觉优势的思维发展特点及应对策略。②

（3）脑瘫学生占比达9.68%。运动障碍及姿势异常是小儿脑瘫最主要的障碍，此外，脑瘫还伴有不同程度的智力障碍、语言障碍、感觉障碍以及心理障碍等。因此，在教育教学过程中，需要立足于其核心的障碍特征进行医教结合、全方位的综合干预，一方面改善神经运动障碍，另一方面改善生理功能和情绪障碍。

（二）学生障碍程度

对学生残疾证评定等级（其中36名学生未办理残疾证）的统计显示，学校学生智力障碍程度分布不均，差异明显。其中，轻度智力障碍学生数量最少，占学生群体的7.10%，这部分生源多数为普通学校随班就读中途转入学校的学生；其余学生均为中度、重度和极重度智力障碍，极重度智力障碍的学生占比最高，约35.48%。具体数据见表2-1。

表2-1　广州市天河区启慧学校学生障碍程度分布

智力水平	分级	IQ（智商）范围/分（韦氏智测分数）	适应行为水平	学生数量/人	学生占比/%
轻度智力障碍	四级	50~69	轻度缺陷	11	7.10
中度智力障碍	三级	35~49	中度缺陷	26	16.77
重度智力障碍	二级	20~34	重度缺陷	27	17.42
极重度智力障碍	一级	20以下	极度缺陷	55	35.48

（以上分类标准来源于残疾证智力残疾等级划分标准）

① 刘春玲．特殊教育概论［M］．上海：华东师范大学出版社，2013.

② 熊絮茸．学龄期自闭症儿童的学习特质与适应策略［J］．现代特殊教育，2009（1）：33-35.

对学生智力障碍程度分布的统计可以看出，学校学生整体的身心发展状况为：智力发展严重受限，社会适应能力严重受限，还较多伴有语言障碍、动作障碍和情绪行为障碍。其中，障碍程度差异分布较大，分化严重。智力发育程度不同决定了其在认知和思维的发展阶段、语言能力和社会适应能力的发展阶段都存在着显著性的差异。

通过对学校学生障碍类型和智力障碍程度的统计可以看出，学校学生障碍类型多样，障碍程度分化严重。在现行的教育公平发展前提、同伴互助的教育氛围影响以及学校实际招生数量的现实情况下，学校采用以入学年龄为标准的综合平行分班制度，使得在同一个班级的教学中，教师既要面对不同障碍类型学生迥异的学习特质，又要考虑不同智力障碍程度学生差异的接受能力，这就要求教师在集体的教育教学中必须综合考量不同学生的障碍类型和障碍程度特征来设计教育教学活动，课堂教学中传统的照本宣科、一刀切的知识灌输、标准化的能力培养等经验已无法适应学生的差异性需要。因此，以个别化教育推动特殊学校教育教学模式变革升级势在必行。

第三节 学校发展的现实性困境

广州市天河区启慧学校建校以来，在先进的教育价值取向的引领下立足于本校的地段环境、场室设施、师资水平，积极探索适合学校生态的教育教学模式，努力寻找解决“学生的培养目标预期偏低”“个别化教育计划编制流程繁复”“个别化教育落地实施艰难”等三个影响学校教育教学品质的主要问题的对策和方法。

一、学校基本情况

（一）地段环境

天河区启慧学校建校于 2012 年，是天河区教育局下属的唯一一间公办培智类特殊教育学校。天河区是广州市的新城中心，位于广州市新中轴线上，是广州市东进轴与南拓轴交汇点，辖内各种交通资源高度聚集，广州市标志性建筑广州塔、广州国际金融中心、广州大剧院、广东省博物馆等重要文化设施均在区内。天河区经济总量连续 9 年位居广州市首位，经济发展坚挺稳定。天河区于 2003 年被评为省教育强区，区内大部分中小学都达到市级以上等级。

天河区启慧学校地处天河区员村四横路。员村是天河区下辖的一个街道行政单位，地理位置优越，交通便利。西邻广州跑马场和华南快速干线，北邻天河区政府和天河公园，东接天河高新技术开发区和广东省奥林匹克运动场，南面是风景秀丽的珠江河畔。从城市的发展历程追溯可知，员村片区于 1958 年被规划为工业区，建有员村新村、昌乐园和多间工厂。随着城市的发展和扩建，尤其是 2010 年广州市承办第 16 届亚洲运动会的影响，员村片区的多间工厂已基本废弃。学校所处的员村四横路周边主要为旧工厂宿舍和家属楼，楼龄较长，楼间距较小，小区公共道路狭窄，居住人口众多。

学校致力于社会共育合力提升教育品位，致力于盘活周边社会教育资源，强化知行合一。学校周边生活服务设施较为完善，有综合市场、百货商场、银行、邮政局、医院等，服务功能齐全，为学生的教育教学提供了丰富的社区资源，便于拓展成为提升学生生活品质的天然教学场所。

（二）场室设施

天河区始终坚持将教育放在优先发展的战略地位，在发展规划、财政投入、资源配置、教师保障、人才培养等方面均为广州市天河区启慧学校提供了最大支持。目前，学校建筑面积为 6 400 平方米，场室面积为 3 700 平方米，规划建设义务教育阶段 9 个年级、18 个班级的教学容量。校园内绿树成荫，绿草成茵，繁花相映，为师生学习提供了幽雅、轻松的环境。学校共有 5 层教学楼 1 栋，户外篮球运动场 1 处，户外小型足球场 1 处，50 米跑道 1 处，教学区、运动区分区布局。学校活动设施设备完备，目前已经建设形成专业场室 16 间（详见表 2–2），配备有促进学生增强道德素养、知识文化、体能、美感、劳动技能等和提升学生感知觉能力、粗大动作、精细动作、沟通能力、认知能力、社交互动能力、生活自理能力等在内的专业教育教学和康复干预设施设备。

表 2–2 广州市天河区启慧学校专业场室情况

楼层分布	专业场室	楼层分布	专业场室
2 楼	自闭症个训室（一）	4 楼	语训室（二）
	作业治疗室		沙盘室
	电脑室		脑瘫康复室
3 楼	自闭症个训室（二）		感统室
	语训室（一）		家政室
	多感官室		书法室
	美术室	5 楼	戏剧室
	音乐室		舞蹈室

（三）师资水平

教师不仅是教育教学的实施者，更是学校课程建设的决策者。学校在发展和课程建设过程中，需要以教师为主体，强调全员参与。[①] 广州市天河区启慧学校致力于建设一支高素质的特殊教育师资队伍。

（1）师资队伍年轻化：截至 2021 年，在校教师共 68 人，教师年龄分布在 22 ~ 47 岁，平均年龄 28 岁。

（2）师资队伍学历高：教师均取得学士及以上学位，其中获得硕士学位 10 人，在读硕士 3 人，占比 21.1%。

（3）师资队伍教育和学科专业结构合理：担任班主任的教师专业背景主要为特殊教育、心理学、学前教育等专业，担任术科教学的教师专业背景主要为音乐、美术、体育等专业，担任康复训练的教师专业背景主要为康复医学、运动生理学等专业，基本实现人岗相适、人尽其才，激发了教师工作的积极性和主动性。

综上，师资队伍具备深化特殊教育课程内容改革、完善符合特殊儿童少年需要的教材建设、围绕教学实践开展科研创新研究、多措并举提升特殊教育发展的水平。教育提质，科研先行，学校致力于推进“科研兴校、以研促教”的专业发展氛围，坚持轻负高效的质量提升之路，向教科研要质量，提

① 黄建行，陆瑾．培智学校现代校本课程支持体系的构建［J］．现代特殊教育，2014（Z1）：37-38.

倡教师以课程建设为依托开展课题研究，支持教师以课题研究促进学校课程的建设。

二、学校发展面临的主要困境

作为新时代开办的特殊教育学校，广州市天河区启慧学校在国家重视、社会支持、教育改革思潮澎湃发展的形势之下，坚持着高标准办学的宗旨。系统化落实推进“个别化教育”是学校建校以来就明确的核心发展方向，为此学校高度重视。自 2012 年 9 月起，学校根据面临的“学生的培养目标预期偏低”“个别化教育计划编制流程繁复”“个别化教育落地实施艰难”等三个主要问题进行周密组织和统筹推进。具体解决问题的过程与方法见表 2–3。

表 2–3　广州市天河区启慧学校发展困境及对策

需要解决的主要问题	解决问题的方法	解决问题的过程
问题 1：对特殊学生的培养预期停留在生活自理等底层需求，与追求美好生活的时代呼声脱节	方法 1：提出生活品质导向的教育理念，丰富学生发展层次，指向收获完满人生	深学细悟、寻策问道 1. 2012—2013 年：通过数据统计、档案分析、问卷调查等深入分析学校（地理位置、占地面积、场室建设、软硬件配备等）、学生（数量、障碍类型、障碍程度、发展需求）、教师（数量、年龄、学历学位、专业背景等）特质，全面了解学校个别化教育发展生态基础； 2. 2013—2016 年：深学细悟国内外先进特教理念，委派陈晖等两次参与智力与发展性障碍有效服务模式培训研讨，以“POS-SIS-OEES”发展理念为蓝本进行生活品质导向理念的建构

续上表

需要解决的主要问题	解决问题的方法	解决问题的过程
问题2：个别化教育计划（IEP）编制方法不清晰，过程零散，程序烦琐	方法2：系统构建“收集资料—评估—研讨—拟定—实施—评价”六步推进、循环执行的实践模式	研机析理、系统规划 1. 2012—2013年：以广州市特殊学校个别化教育种子教师研修班为契机，委派教师参与培训研修，寻找理论策略与实践推进的突破口； 2. 2013—2015年：以开设研修工作坊、专家入校指导为载体，先后邀请特教专家李宝珍等来校系统指导IEP的编制工作，在专家引领下梳理IEP编制流程； 3. 2014—2016年：通过行动研究，在实践中总结提炼适合学校生态的个别化教育六步推进模型
问题3：一人一案的个别化教育计划（IEP）与学校班级集体教学不对接，个别化教育实施落地艰难	方法3：建立“一综合、二分配、三统整”的教学模式，开发适配的“品慧”课程体系	全面适配、一体推进 1. 2012—2015年：通过行动研究，开发设计与六步推进模型匹配的表格，实现数据关联，计划整合； 2. 2015—2016年：通过专家引领、课程开发，整合国家课程和校本课程，构建适合学生功能需要的“品”基础性课程和“慧”拓展性课程体系； 3. 2015—2016年：以同课异构、项目研讨、成果展示等深化教学实践，检核实践模式

三、对特殊学生的培养预期与时代发展不匹配

随着社会文明程度的不断提高，尤其是和谐社会构建的不断进步，社会对于特殊儿童等弱势群体的关注和接纳程度不断提高，但是大众对中重度智力障碍特殊学生的教育预期则始终较低，往往局限于生活自理、行动安全等底线领域，把没有考试和升学压力的特殊教育学校视为看管孩子、维护安全、奉献爱心的场所，低估甚至无视特殊教育学校的教育目标。此外，目前

社会依然存在着一定程度的对特殊群体的不友好甚至歧视的现象。人们往往只看到障碍带给特殊儿童的限制，没看到他们自身所具备的能力。不仅如此，即使在特殊教育学校长期的发展历程中，学校教育对特殊儿童需要、尊严、生活品质的关注也微乎其微，学校教育将较多的精力聚焦在智力障碍儿童的缺陷补偿、潜能发挥上，鲜少关注智障群体对自己生活方式选择、规划的权利及追求美好生活的希望。特教事业是社会发展的一个重要兜底工程，既要“一个都不能少”，又要尊重差异，突出特色。发展特殊教育已然成为尊重人的多样性、推进教育公平的重要途径。而原有的对特殊学生较低的培养预期已经与追求美好生活的时代呼声脱节。在当前社会经济迅猛发展和课改的影响下，特殊教育的教育理念、教育目标和教育内容都发生了巨大的改变，为了适应新的经济形式、适应课改的发展和满足特殊儿童学生的发展需求，培智学校的教育理念也亟待更新，特殊学校如何通过有效教育让每一个儿童立足于自身的能力基础去追求属于自己的有意义的美好生活已经势在必行。

四、个别化教育计划编制流程与现行教学体系不适配

个别化教育在国内的推行已经走过了30余年，理念的宣传和理论性的策略研究也已取得大量的研究成果，但实践层面对个别化教育的系统构建、每个环节的具体实操等仍缺乏品质。① 具体到个别化教育计划的编制过程中会发现以下两个问题。首先，精准评估儿童的现有能力十分重要，然而教育诊断和课程评估的系统化、标准化工具欠缺，其中教育诊断工具存在着国外引进、本土化不强、缺乏常模等问题，而课程评估工具（以广州地区较多使用的中国台湾的发展性课程“双溪心智障碍儿童个别化教育课程”、重庆师范大学开发的“智障儿童适应性功能教育课程”为例）则与学校现行的教育教学体系不能完全适配，这就要求教师需具备一定专业基础和花费较多精力梳理适合不同障碍类型、程度的特殊儿童基础能力的评估工具，这一要求成为限制个别化教育计划推行的重要因素。其次，个别化教育计划的编制一般要经历基本资料的收集、评估、综合研判、计划撰写等步骤，在制订每位学生的个别化教育计划的过程中，原则上其教育教养的主要责任人（家长、班主任、班级所有任教教师、康复教师、社工等）应组建跨专业团队的

① 张文京，严小琴．特殊儿童个别化教育：理论、计划、实施［M］．重庆：重庆大学出版社，2015：18.

工作小组来一起合作，这势必使得编制个别化教育计划的过程耗时较长、效率低下。以2013—2014学年为例，学校当时有88名学生，而仅有一名畅游与律动的科任老师，他不得不赶场奔赴于88位学生个别化教育计划编制的工作小组会议，这使得个别化教育计划编制的常态化推行困难重重。

个别化教育的推行路径目前没有操作性的范式。基于理论完整性的个别化教育计划往往程序复杂，操作困难，难以坚持；而基于现实操作性的个别化教育计划则可能看似个别化，实则一刀切，与传统的教育教材的集体教育没有本质差别。因此，如何在理论完整性和现实操作性中间求得平衡，既立足于学生的个体需要，又不增加教师过多文案的负担，真正让学生的个别化教育计划成为教师教育教学的纲领，真正做到促进每一个学生适当地发展，成为学校在推进个别化教育过程中的当务之急。

五、一人一案与班级集体教学不对接

个别化教育计划形成以每个学生为单位的“一人一案”的IEP档案册，而实际的教育教学过程却以班级集体教学的形式来开展，这两者之间的不对接导致了个别化教育计划的实施落地艰难。个别化教育计划的编制过程耗时耗力，实施过程却毫无抓手，这显然会在一定程度上挫伤教师参与个别化教育计划编制的热情，长远来看更不利于持续性推进个别化教育。特殊教育专家对我国推进个别化教育的学术与实践思考也显示，在实施个别化教育计划的过程中，学者和教师发现个别化教育计划越做越复杂，然而成效不显著，于是围绕着个别化教育的“简明而有效”进行了一系列的变革发展。① 如何将个别化教育计划落实到教师日常的教育教学中，既不增加教师工作量，又能指导教师以学生的个别化教育目标为纲开展教学，这成为特殊学校必须面对的难题。

① 许家成．教育组织渐进变革，教育质量持续提升：我国推进个别化教育学术与实践的思考［J］．现代特殊教育，2018（19）：19-22.

第三章
“生活品质”导向的个别化教育理念

党的十九大以来，随着新时代我国社会主要矛盾的转化和特殊教育发展环境的重大变化，实现所有残疾人公平公正地享有尊严、幸福生活与残疾人接受教育方式和教育质量的矛盾日益凸显。[①] 在新的时代背景之下培养教育特殊儿童，更需要立足于为残疾儿童提供公平而有质量的教育、实现残疾人拥有平等的权利和尊严、提升残疾人生命价值。本章主要梳理国内特殊教育价值取向的演进过程，学校价值取向变革的缘由、过程和依托，以及学习“生活品质”导向的个别化教育理念的价值与内涵。

第一节 特殊教育的价值取向

习近平总书记指出，教育是民族振兴、社会进步的重要基石，是功在当代、利在千秋的德政工程，青少年是祖国的未来、民族的希望，青少年教育最重要的是教给他们正确的思想，引导他们走正路。这就要求教育者必须把握好学校教育的价值取向。课程是学校教育的灵魂，有学者认为，在课程问题上，关键不在于选择了什么，而在于为什么而选择，这就涉及课程价值。[②]

① 顾明远．发展特殊教育就是尊重人的多样性［EB/OL］.（2020-06-29）. https://wap.gmdaily.cn/article/pc48240db99d44e499296665cd1ce4e4c?from=timeline.

② 黄向阳．课程理论：课程的基础、原理与问题［M］. 北京：教育科学出版社，1996：283-297.

一、课程价值取向的概述

课程价值是指课程为满足主体一定需要而以相应方式表现出来的某种属性、作用和意义，它是指在某种价值观的支配下，人们对课程有意识地选择与取舍，是人们在制定和选择课程方案以及实施课程计划时所表现出的一种倾向性。[①] 随着我国课程改革的演进，课程的价值倡导“以人为本”的课程观，确立了以“育人”为旨归的教育原点，是课程价值取向及人的发展的必然选择。[②]

二、特殊学校课程价值取向的演进

从20世纪80年代至今，我国的智障教育课程走过了一条“直接沿用普通教育教材—采用全国统编的教材—培智学校自行研发校本课程”的发展之路。[③] 课程发展过程中，国家先后颁布了三个重要文件对培智学校的课程给予方向性的指引，即1987年国家教委印发的《全日制弱智学校（班）教学计划》（征求意见稿）、1994年颁布的《中度智力残疾学生教育训练纲要》（试行）和2007年教育部印发的《培智学校义务教育课程设置实验方案》。纵观培智学校的课程发展历程，分析其中蕴含的价值取向，发现主要有两大转变：第一个转变是20世纪80年代的课程以知识和技能学习为主要目标，《方案》颁布后的课程以生活化为思想，展现出从知识到生活的课程中心转移；第二个转变是《方案》实施近十年以后，培智学校生活化课程价值取向由“知识学习”走向“完满生活”。[④]

---

① 靳玉乐，杨红．试论文化传统与课程价值取向［J］．西南师范大学学报（社会科学版）．1997（6）：62-67.

② 苏强．发展性课程观：课程价值取向的必然选择［J］．教育研究，2011，32（6）：79-84.

③ 吴春艳，肖非．从“生活化的课程”走向“有意义的生活”：试论智障教育课程的价值取向［J］．中国特殊教育，2014（12）：34-37.

④ 傅王倩，莫琳琳，肖非．从“知识学习”走向“完满生活”：我国培智学校课程改革价值取向的变迁［J］．中国特殊教育，2016（6）：32-37.

三、从“知识技能学习”到“生活化”的特殊教育理念变迁

1987 年国家教委印发的《全日制弱智学校（班）教学计划（征求意见稿）》将对智力障碍儿童的培养目标确定为：全日制弱智学校（班）要认真贯彻德、智、体、美全面发展的方针，从弱智儿童身体和智力特点的实际情况出发，对他们进行相应的教育、教学和训练，有效地补偿其智力和适应行为的缺陷。为使他们成为有理想、有道德、有文化、有纪律的社会主义公民，适应社会生活、自食其力的劳动者打下基础。[①] 将培养学生“具有生活自理能力，并学会一些简单的劳动技能”作为目标和任务。其课程设置中的常识课和劳动技能课也直指生活中的常识和基本技能。1994 年颁布的《中度智力残疾学生教育训练纲要（试行）》所涉及的“生活适应”“实用语文”“实用数学”等科目，着眼于学生在现在及未来的实际社会生活中常用的相关知识。2007 年的《培智学校义务教育课程设置实验方案》中，将课程名称改为“生活适应”“生活语文”“生活数学”，并明确提出了“着眼于学生的生活需要，以生活为核心组织课程内容，使学生掌握与其生活紧密相关的基础知识和技能，具有基本的生活和社会交往能力”[②]。

四、从“适应生活”到“有意义的生活”的特殊教育理念变迁

2007 年颁布的《培智学校义务教育课程设置实验方案》已经从课程设置的角度说明了学校的主要任务是要深入探讨教学生活化的内涵、理论依据以及具体表现形式，为培智学校教学生活化的实践探明方向。[③] 然而，我国对于生活化课程中“生活化”的认识呈现出纷繁复杂的现象，不同的研究者以及一线教师对于“生活化”理解各不相同。在培智学校生活化课程的实践中，很容易窄化生活的概念，将其定义为日常生活，于是生活化课程内容局限于日常生活常识的教授和日常生活技能的训练。[④] 有研究者指出，当前生

① 中华人民共和国国家教育委员会．全日制弱智学校（班）教学计划（征求意见稿）[Z]．1987-01-01.

② 吴春艳，肖非．从“生活化的课程”走向“有意义的生活”：试论智障教育课程的价值取向[J]．中国特殊教育，2014（12）：34-37.

③ 吴春艳．论培智学校教学生活化[J]．中国特殊教育，2012（3）：28-32.

④ 傅王倩，莫琳琳，肖非．从“知识学习”走向“完满生活”：我国培智学校课程改革价值取向的变迁[J]．中国特殊教育，2016（6）：32-37.

活化课程的实践落入生活简单化、生活狭隘化、生活机械化和生活庸俗化的误区。因此，随着课程改革的演进，对生活化课程的价值取向逐渐发展为让智力障碍学生过“有意义的生活”，课程价值取向出现了自“适应生活”到“完满生活”的内生性发展。

第二节 学校教育理念的更新

2007 年颁布的《培智学校义务教育课程设置实验方案》明确提出：培智学校课程设置应体现先进的特殊教育思想，符合特殊教育的基本规律和特点，遵循智力残疾学生身心发展规律，适应构建和谐社会的要求，为智力残疾学生的全面发展奠定基础。[①] 在国家课程要求的基础上，广州市天河区启慧学校致力于学习引进国际、国内特殊教育领域先进的价值取向，同时着眼于完整的社会文化生活，对已有“生活化”课程重新探讨，旨在促进个体生活质量、生活品质提高，让学生通过九年义务教育的课程学习后可以收获有意义的生活。

一、学校教育理念更新的缘由

广州市天河区启慧学校的教育理念更新的缘由，是时代背景下使特殊教育更好地对接发展所需、基层所盼、民心所向的要求。

（一）源于特殊教育发展的时代背景

习近平总书记在《坚持人民至上，推进教育改革发展》的重要讲话中提到“教育要努力让每个孩子都拥有光明的未来，拥有出彩的人生”。特殊教育不仅肩负着提升特殊儿童少年及其家庭美好未来的重任，还可以在社会氛围中塑造健全学生对生命多样性的理解力和接纳力。[②] 从党的十七大的“关注特殊教育”，到十八大的“支持特殊教育”，再到十九大的“办好特殊教育”，党的重大决策不仅彰显了国家对特殊教育的重视程度，发展特殊教育的性质定位也随着整个经济社会发展的布局而转变为以残疾人民生为主的性

---

① 中华人民共和国教育部．培智学校义务教育课程设置实验方案［EB/OL］.（2007-02-02）. http：//old.moe.gov.cn/publicfiles/business/htmlfiles/moe/s3331/201112/xxgk_128271.html.

② 史万兵．特殊教育需要特殊的爱［N］. 人民日报，2021-02-03.

质定位，并被诠释为“促进教育公平、实现教育现代化的重要任务，是增进残疾人家庭福祉、加快残疾人小康进程的重要举措”。在这一政治逻辑的支配下，当前今后相当长时期内，适应残疾人实现全面小康和教育现代化的需求，以教育公平和教育质量为核心特征提供精致化、精准化、人本化的合适教育，成为回答“怎样发展特殊教育”的具体路径选择。①

（二）基于时代背景下学校教育理念转变的现实

特殊教育是具备公共属性和公益性特征的事业。虽然残疾儿童少年尤其是就读于特殊学校的中重度智力障碍的学生，由于自身障碍的限制很难发展出与同龄人适配的能力，但他们接受教育的权利、追求美好生活的希望仍在。面对历史发展过程中特殊教育学校学生较低的培养预期与追求美好生活的时代呼声脱节的现实，特殊教育学校需要转变教育理念，努力培养学生融入社会和终身发展的能力，以生涯规划的维度去帮助每一个特殊儿童追求属于自己的有意义的生活。

二、学校教育理念更新的过程

（一）深学细悟，全员理论武装

深入学习特殊教育领域的科学理论和理念策略，是更新广州市天河区启慧学校教育理念的基础。天河区启慧学校积极组织广大教师读原著学理论，通过组织专业学习、举办读书分享会、集中交流研讨等形式深学细悟，加深对国际、国内特殊教育理论的理解和领会，推动学习的深入开展。通过学习，教师们都认识到理论是推动工作、解决问题的“金钥匙”，对于理论学习的价值有了更深的认识。

（二）寻策问道，骨干研学攻坚

引入国际、国内先进的特殊教育理念是引导广州市天河区启慧学校教育理念更新的重要举措。理论创新每前进一步，理论武装就要跟进一步。为此，学校先后组织多批骨干教师前往北京、上海、深圳等地举办的特殊教育学习研修班，深入学习国际、国内先进的特殊教育理念和教育教学策略，把学习贯彻特殊教育创新理论作为重要抓手，同时强调把学和做结合起来，以学促研，以研促改，避免出现学用脱节、实效性不高的问题。

全员理论武装和骨干研学攻坚的过程，使得启慧学校的师资队伍对于特殊教育的理论与理念有了深入的了解，也在实际的教育教学过程中贯彻推行

---

① 王培峰．“办好特殊教育”的政治逻辑［J］．现代特殊教育，2018（7）：5-6.

这些理论与理念。

三、学校教育理念更新的依托

广州市天河区启慧学校的课程理念主要依托于国际先进的特殊教育“基于成果导向，建立支持系统，促进组织改革，实现质量持续提升”的新模式（简称 POS-SIS-OEES 模式）。① 该模式由中国残疾人康复协会智力残疾康复专业委员会以培训研讨会的形式介绍宣讲，学校先后派遣两批骨干教师赴北京跟随国际著名专家、美国智力与发展性障碍协会前主席夏洛克博士（Robert L. Schalock，Ph.D.）、中国特殊教育知名专家许家成教授深入学习该模式的核心内容，与全国特殊教育领域同行深入讨论在“以个人为中心及生活质量为成果”的目标下，如何组织高效率团队，突破改变的障碍，实现永续发展。

（一）成果导向：促进个体生活质量提升

生活质量是一个由核心价值组成的多元现象，主要包含个人发展、自我决策、人际关系、社区融合、权利、情绪福祉、身体福祉和物质福祉八个领域，详见表 3-1。这八个领域涵盖了个体发展的方方面面，既有立足于个体心理和生理健康发展的能力，也有其生活所需的人际与社区关系，更有对个体尊严、权利的重视。广州市天河区启慧学校的教育教学参考这一理论模式中的个人生活质量的成果导向，旨在提升学生的生活品质，让学生可以通过九年义务教育的课程学习收获有意义的生活。

表 3-1 生活质量领域及参照指标举例

领域	个人发展	自我决策	人际关系	社区融合	权利	情绪福祉	身体福祉	物质福祉
参照指标	教育程度、个人能力	个人控制、选择	互动、关系	社区参与	尊严、公民权	满足、没有压力	健康、日常生活	就业状况、财产

（摘自美国智能与发展障碍协会个人成果量表 -POS：Personal Outcome Scale）

① 许家成．教育组织渐进变革，教育质量持续提升：我国推进个别化教育学术与实践的思考［J］．现代特殊教育，2018（19）：19-22.

（二）支持系统：提供精准的支持策略

支持策略的提供目标在于降低个体能力与环境要求之间的不适配，同时提升个人发展、发育、兴趣和个人福祉，增强个人功能与生活质量。在对个体支持需求全面评估的基础上提供一般支持（工作人员导向，如自然支持、辅具、环境调整等）和专业支持（专业导向，如医疗、营养、心理学、物理治疗等）。

表 3-2　个体支持需求及支持策略举例

领域	居家生活	社区生活	终身学习	就业	健康与安全	社交活动	保护与倡议	特殊医疗支持	特殊行为支持
支持策略	使用家电、整理家务	参与社区休闲活动	学习自我决定技巧	学习工作技巧、与同事互动	自主走动、均衡饮食、维持体能	适当的社交技巧、维持友谊	保护自己、处理个人财务	呼吸道护理、癫痫发作处理	预防游走、性行为

（摘自美国智能与发展障碍协会支持强度量表 –SIS：Support Intensity Scale，2014 版）

第三节　“生活品质”导向的个别化教育理念的价值及内容

广州市天河区启慧学校在全体教师教育实践、对照回顾、梳理总结、浓缩归拢的基础上，提出了“以个人生活品质为导向，以个别化为核心，以教育、康复和支持为主线”的学校教育价值理念，成为激励和指引学生行为养成、生活品质提升的力量。

一、“生活品质”导向的个别化教育理念的价值

（一）符合“改善人民生活品质”的深刻要义

党的十九届五中全会提出了“改善人民生活品质”的重点任务，对人民美好生活的质量要求，从国家战略高度给予了重视和保障。广州市天河区启慧学校个别化教育“生活品质”导向的理念符合党和国家“改善人民生活品

质"的深刻要义，是特殊教育领域切实提升学生生活的丰富内涵、提升生活标准与水平、追求生活满意度的载体。

（二）蕴含人人平等、自由发展的深厚情怀

残疾人是人类大家庭的平等成员。尊重和保障残疾人的人权和人格尊严，使他们能以平等的地位和均等的机会充分参与社会生活，是中国特色社会主义制度的必然要求。①广州市天河区启慧学校"生活品质"导向的教育理念的宗旨，蕴含人人平等、自由发展的深厚情怀。"苔花如米小，也学牡丹开"，特殊学校的学生，虽身有残疾，但也有着健全、独立和渴求尊重的灵魂。每一个特殊儿童不仅享有和普通儿童同样的受教育权，还可以和普通儿童一样平等地享有社会发展的成果，自由地追求个人喜好、决策个人生活，勇敢地追求属于自己的生活品质。

（三）传递自强不息、接续奋斗的持续能量

"参差多态乃幸福本源"，对生命多样性的尊重与接纳，使得特殊教育在时代的发展当中呈现蓬勃之势。"生活品质"导向的个别化教育尊重不同的生命个体与样态，最大可能地提供适当的教育和支持，赋予生命个体追求属于自己的星辰大海的机会。"来自星星"的自闭症儿童努力学习社会规则的坚持、颤颤巍巍的脑瘫儿童奋力攀爬阶梯的意志、感知障碍的儿童尽力承受环境刺激的隐忍……每一个特殊儿童努力发展个人能力、适应社会规则、奋力追求属于自己美好未来的身影成为时代发展中最美的奋斗者的剪影，也为社会发展的洪流传递着坚定的、接续奋斗的正能量。

二、"生活品质"导向的个别化教育理念的内容

广州市天河区启慧学校立足于残疾人生命价值和美好生活追求的广阔视野，致力于"学校—家庭—社会"共育提升教育品位，着眼于学生完整社会文化生活的需要，对培智教育已有"生活化"课程重新探讨，生成"以个人生活品质为导向，以个别化为核心，以康复、教育和支持为主线"的符合时代特征、学生需要、均衡发展的育人评价体系。首先，确立以"育人"为旨归的教育原点，全面实施"以生为本"的个别化教育。其次，挖掘生活品质内涵，依托习近平总书记"人民对美好生活向往"重要论述、基础教育"五育并举"培养目标、特殊教育"成果导向"发展模式等构建"品格健全，尽

① 国务院新闻办．平等、参与、共享：新中国残疾人权益保障70年白皮书［EB/OL］．（2019-07-25）．http：//www.gov.cn/zhengce/2019-07/25/content_5414945.htm.

享品质生活；体魄健康，畅享品质生活；兴趣广泛，乐享品质生活；热爱劳动，创享品质生活；互动适宜，共享品质生活；尊严满足，惠享品质生活”的“六维同享”育人评价体系。最后，贯穿“专业康复—精准施教—强化支持”的服务网络。见图 3–1。

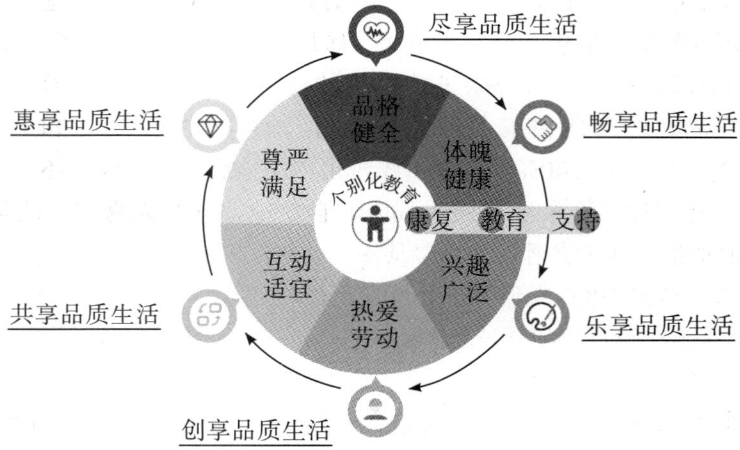

图 3–1 广州市天河区启慧学校“生活品质”导向的教育理念

（一）维持基础教育“五育并举”的内涵

基础教育的目的在于把学生培养成为德、智、体、美、劳全面发展的新时代中国青年，而特殊教育是基础教育的重要组成部分。广州市天河区启慧学校教育理念的“生活品质”导向与基础教育“五育并举”的内涵一致。“生活品质”导向的个别化教育以特殊学生核心素养和基本能力培养为中心，注重顶层设计，强调全员育人、全程育人、全方位育人，着力培养品德健全、实践能力突出、体魄健康、才艺兴趣广泛、崇尚劳动的学生。

（二）突出特殊教育能力提升的核心

个别化教育“生活品质”导向的内涵聚焦于障碍学生的身心特点和学习规律，重建课程教学内容，科学转化教学方式，帮助学生提高自主生活质量和劳动能力，突出对其社会适应能力、心理生理矫正补偿和劳动技能等方面的综合培养。

（三）融入科技进步无碍支持的成果

随着人类从工业社会进入信息社会，教育也必然发生变革，信息技术已经成为教育系统性变革的内生力量，起到支撑、驱动、引领信息时代教育变革的作用。[①] 在技术更新、设备层出不穷的背景之下，学校“生活品质”导向的个别化教育致力于将科技进步的成果应用在对特殊教育学生能力的支持中。一方面，进一步扩大优质教育资源的覆盖面，变革教育教学模式，创新教育制度与体系；另一方面，积极探索移动终端、互联网、智慧教学场景、支持辅具等提高学习效率和提升学习效果的教学实践。

此外，学校“生活品质”导向的个别化教育立足于国家环境设施和信息无障碍建设步伐加快、成果显著的基础。《平等、参与、共享：新中国残疾人权益保障70年》白皮书介绍“目前全国村（社区）综合服务设施中已有75%的出入口、40%的服务柜台、30%的厕所进行了无障碍建设和改造。”[②] 与此同时，信息无障碍建设的步伐加快。我国已发布多个国家及行业标准，为残疾人便利使用信息通信设备、获取互联网信息、操纵辅助装置等提供了有效标准支撑。无障碍的环境使得学校“生活品质”导向的个别化教育教学成果在社会迁移应用成为可能。

（四）契合“平等、参与、共享”的姿态

中国残疾人联合会主席张海迪在国务院新闻办公室举行的新闻发布会上曾说：“我们要充分认识残疾人的权利、价值和尊严。他们与健康人一样有权享有生活中的一切。”特殊教育的发展不只有物质的丰盈，更有生命的尊严。学校“生活品质”导向的个别化教育既关注特殊儿童的能力和进步，也关注其权利和尊严，是学校学生安全感、获得感、幸福感持续提升的保证。

① 韩锡斌．科技时代下的教育革命相关问题回应［EB/OL］．（2020-12-09）．https：//news.tsinghua.edu.cn/info/1570/83778.htm.

② 国务院新闻办．平等、参与、共享：新中国残疾人权益保障70年白皮书［EB/OL］．（2019-07-25）．http：//www.gov.cn/zhengce/2019-07/25/content_5414945.htm.

第四章
“六步推进”的个别化教育模型与实施过程

第一节 推进模型概述

一、推进模型初建的背景

个别化教育计划自 20 世纪 80 年代开始由国外引入中国，逐渐成为国内特殊教育课程的核心元素。目前，国内部分省市地区开始通过政策性通知推行个别化教育的实施，如北京、上海等地区相继出台相关文件要求学校为每一个特殊儿童制订 IEP。① 广州市教育行政部门较早意识到个别化教育计划的重要性，并于 2003 年出台《关于大力推进特殊教育事业发展的实施意见》，要求学校为每一个特殊儿童制订个别化教育计划 ②，同时广州市教研院以邱举标主任为核心的团队通过组织个别化教育的师资培训、邀请专家开展定点指导、推进区域内个别化教育的经验总结和交流等形式，大力促进了广州市内各特殊教育学校实施个别化教育的水平。

然而，在实施个别化教育的实践过程中，仍有不少教师遇到各式各样的困难，如对操作流程不熟悉、文本叙写不规范、缺乏实际操作的指导、IEP 目标与课堂教学脱节等。因此，如何更有效地实施个别化教育成为特殊教育

① 张宇，邱举标，马学芝．个别化教育计划的缘起及发展研究［J］．基础教育参考，2018（6）：10-13.

② 张宇，查吉德．个别化教育计划政策执行的影响因素研究［J］．教育导刊，2018（10）：41-46.

学校亟须解决的重要问题。

二、推进模型的具体内容

广州市天河区启慧学校自2012年建校起就明确树立以“个别化教育”为核心的课程理念，在理论学习、实践探索的基础上提炼出“六步推进”个别化教育实施模型，即“收集资料—评估—分析—拟订—实施—评价”六步骤循环推进，详见图4-1。“收集资料”主要是指对学生所处的社区、家庭、学校环境进行生态环境分析，并把所了解到的学生基本资料及基础能力整理汇总；“评估”主要是指对学生进行教育诊断和课程本位评估，以了解学生的学习特质和学习起点；“分析”主要是指构建跨专业教师团队研讨机制及召开家长研判会议，依据评估结果进行优弱势分析，并明确教育安置；“拟订”主要是指依据学生所能及学生所需，拟订出个别化教育计划中的长、短期目标；“实施”主要是指学校结合集体教学、康复小组、康复个训等形式，落实IEP目标；“评价”主要是指学校以学期中评价、学期末评价、学年末评价进行个别化教育评价，分别作为调整教学活动、修订短期目标、为新一轮个别化教育计划做铺垫的依据。

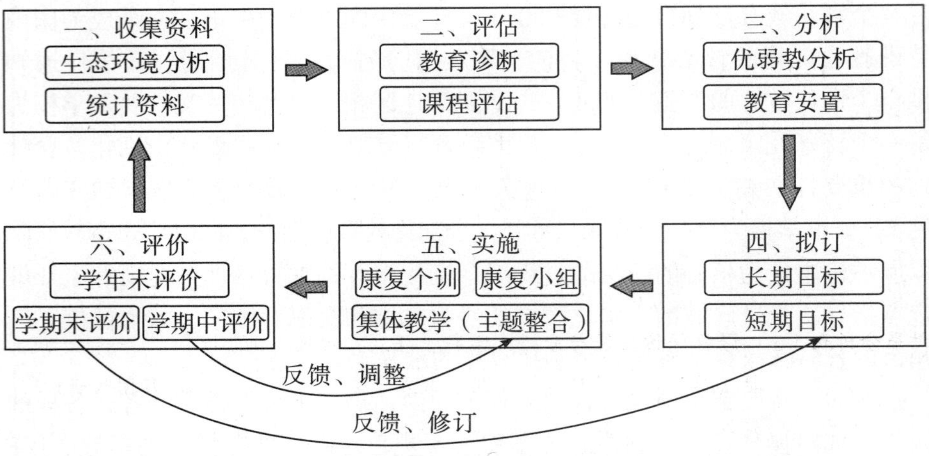

图4-1 “六步推进”个别化教育实施模型

三、推进模型配套表格的研发

“六步推进”个别化教育实施模型规范了实施个别化教育的流程，确保了制订和落实个别化教育计划的质量，提升了教师执行个别化教育计划的效率，是有效、科学地实施个别化教育的保证。为确保个别化教育不流于形式，广州市天河区启慧学校配套研发了一系列的资料表格，形成启慧学校个别化教育资料系统。该资料系统共包括10张表格，即《表1 IEP资料统计单》《表2 评量结果分析表》《表3 学生教育安置表》《表4 IEP长短目标表》《表5 IEP目标完成报告》《表6 IEP目标汇总表》《表7 IEP目标分配与教学计划表》《表8 主题规划表》《表9 教学活动设计表》《表10 教学评价表》。资料系统从收集学生资料开始，将个别化教育实施的六步骤与日常教育教学紧密结合，让个别化教育真正成为学校课程的核心和灵魂。启慧学校个别化教育资料与个别化教育步骤结合情况详见表4–1。

表4–1 启慧学校个别化教育资料与个别化教育步骤结合情况

个别化教育资料系统	主要内容	与个别化教育步骤结合情况	完成形式
表1 IEP资料统计单	学生基本情况、家庭基本资料、家庭状况、生长发育史、医疗史、康复训练史、教育史、日常表现概述、强化物调查、其他等	步骤一：收集资料	家长访谈
表2 评量结果分析表	教育诊断结果与分析（领域、方法与工具、结果、优弱势分析、教育或康复重点与建议） 课程评估结果与分析（学科、评估工具、人员、日期、结果、教育建议）	步骤二：评估 步骤三：分析	教育诊断、课程评量 跨专业教师团队研讨
表3 学生教育安置表	安置课程、安置重点、服务时间、负责人	步骤三：分析	跨专业教师团队研讨 家长综合研判会议

续上表

个别化教育资料系统	主要内容	与个别化教育步骤结合情况	完成形式
表4　IEP长短目标表	学生姓名、学科、领域、长期目标、短期目标、通过标准、负责人	步骤四：拟订	跨专业教师团队研讨 一对一家长研判会议
表5　IEP目标完成报告	目标完成情况简介、影响目标达成的原因分析、相关意见与建议、其他	步骤六：评价	跨专业教师团队研讨
表6　IEP目标汇总表	班级学生IEP目标的汇总（表4的汇总）	步骤五：实施	跨专业教师团队研讨
表7　IEP目标分配与教学计划表	将学生目标分配到学校一日生活的内容，包括入校、大课间、课间休息、各科课程、主题活动、午餐、午休、午点、放学等时段。学科及康复课依学生目标制订学期教学计划	步骤五：实施	跨专业教师团队研讨
表8　主题规划表	时间安排、主题选择、备选主题、主题构想、统整活动	步骤五：实施	跨专业教师团队研讨
表9　教学活动设计表	科目、教学日期、教学者、教学班级、教学主题、课题、助教、学生人数、单元目标、课时目标（班级共性目标、学生个人目标）、教学情境、教学资源、注意事项、替代方案、活动过程（准备活动、发展活动、综合活动）、板书设计、教学反思	步骤五：实施	跨专业教师团队研讨
表10　教学评价表	课堂教学评价表，IEP目标的课堂落实、教学目标的设计、教学过程、教学策略	步骤六：评价	教师听课评课

第二节　推进步骤之收集资料

满足特殊学生需要的个别化教育计划的制订，必须要建立在全面了解学生的基础上。基于必须由医院鉴定为智力障碍才能入读我校的规定，加上部分学生可能共患自闭症、脑瘫等其他障碍，学生在入学报名前已由医院施测标准化智力测验，并进行了智力障碍、自闭症或脑瘫等专业的医学鉴定。在这些专业鉴定和心理测量的基础上，作为特殊教育学校的一线教师，实施个别化教育的首要任务是全面、系统地展开资料收集的工作，务求尽可能了解学生，以便分析出可能影响学生发展的因素。

一、生态环境分析

生态环境分析，顾名思义是指了解学生与其所处环境的关系，分析所处环境对学生带来的影响，以及所处环境能为学生提供的教育支持等。广州市天河区启慧学校从新生入学报名那一刻开始，便着手开展此项工作，主要方式有新生面谈、家访、学校一日生活调查等。

（一）新生面谈

广州市天河区启慧学校的招生工作一般在每年的4—5月开展，新生报名时已是学校实施个别化教育的开端。新生报名当天，学校会安排资深教师对参加报名的学生与家长进行一次单独的面谈。面谈的主要形式是以《启慧学校新生情况调查表》为提纲，结合访谈和观察的方法，了解学生的基本信息，包括生长史、发育史、鉴定情况、强化物、家庭教养情况、家长期望等，以及初步了解学生的基础能力，包括沟通、认知、动作等，为新生班主任提供学生的基础信息。

（二）家访

广州市天河区启慧学校家访主要分为入学前、就读中和离校后。新生入学前，班主任会走进每位学生家中进行家庭访问，采用现场观察及半结构式访谈相结合的方法，以《启慧学校家访调查表》为提纲，深入了解学生所处的生态环境，包括社区生活及家庭生活环境，如居住环境、周边设施、家庭经济状况、家庭结构、家庭人际关系、父母或其他照顾人的文化背景及教养方式、家中从事的活动、适应社区情况、学生日常行为表现等。此外，还会让学生家长填写《强化物调查表》，以便教师对学生的兴趣、强化物有初步了解。学生就读期间，为及时了解学生在家中的表现、所学知识技能在家中泛化应用的情况、适应社区情况以及家庭生态环境变化所带来的影响（如搬家、父母离婚、弟妹出生等），学校要求班主任每学年均需展开家访工作，而家访形式则应视实际需要而定，如现场家访、电话家访、线上家访等。即使在学生毕业离校后，学校也会安排教师进行毕业生家访，通过了解毕业生动向检验实施个别化教育的效果。

在新生面谈及家访后，班主任会根据所获资料信息，分析出学生所处社区及家庭生活环境中的积极影响因素和不利影响因素，发掘学生家庭中能为学生学习提供支持的资源，向家长提出初步的建议策略，为建立良好家校合作关系做好准备。

（三）学校一日生活调查

通过新生面谈和家访，教师可了解到学生社区生活、家庭生活环境。而在学生入学一段时间后，班主任除了日常观察记录外，还会与学生相关的所有教师（包括副班主任、各科任教师、个训教师、生活教师等）进行访谈，了解学生在学校生活中的适应情况及日常表现，包括学校一日生活中进校、各科课堂、课间、午餐、午休、午点、放学等情境中的表现。此外，班主任还会根据各相关教师的观察和强化物调查结果，补充《强化物调查表》中的内容。

二、资料统计

教师通过新生面谈、家访、学校一日生活调查等方式从各个方面对特殊学生进行了前期资料收集，为使所获资料不流于形式，教师会对所有资料进行梳理，包括入学资料（智商检测证明、诊断证明、正式评估结果等）及《启慧学校新生情况调查表》《启慧学校家访调查表》《强化调查表》等内容，形成文案资料《IEP 资料统计单》。

值得注意的是，资料统计应是一个动态的过程，为了确保所统计资料的时效性，教师会根据学生所处环境变化等因素定期更新《IEP 资料统计单》中的内容。

表 4–2　个别化教育计划示例——《刘某 IEP 资料统计单》

<table>
<tr><th colspan="11">学生基本信息</th></tr>
<tr><td>学生姓名</td><td>刘某</td><td>性别</td><td>女</td><td>出生日期</td><td>★★</td><td>学校</td><td colspan="4">广州市天河区启慧学校</td></tr>
<tr><td>入学时间</td><td>2017 年 9 月</td><td>班级</td><td colspan="2">三年班</td><td>障碍类别</td><td>自闭症</td><td>障碍程度</td><td>中</td><td>伴随障碍</td><td>智力障碍</td></tr>
<tr><th colspan="11">家长 / 监护人信息</th></tr>
<tr><td>称谓</td><td>姓名</td><td>年龄</td><td>职业</td><td colspan="4">家庭住址</td><td colspan="3">电 话</td></tr>
<tr><td>监护人</td><td>刘某某</td><td>★★</td><td>教师</td><td colspan="4">广州市天河区 ★★ 路 ★★ 街 ★★★ 房</td><td colspan="3">★★★★★★★★★★★</td></tr>
<tr><th colspan="11">家庭状况</th></tr>
<tr><td colspan="11">物理环境：居住环境方面，孩子住在大学校园内的教工小区，生活方便，交通便利，活动场所宽广，活动设施丰富，该生常在大学内玩耍，玩滑轮、踩单车等。
非物理环境：该生与父亲、母亲、妹妹同住，主要照顾者为父母，奶奶偶尔会帮忙照顾，妹妹现在两岁多，家庭气氛和谐。父母教养方式包容民主，平时对该生态度和蔼，说话语气温和，给予该生关注足够，注重培养孩子的独立能力和社交沟通能力，对孩子没有太多期望，只希望孩子平安快乐。因父母都在大学工作，陪伴时间较多，亲子关系良好。现在每天早上该生能够在父母的提示下洗漱，然后由爸爸送到学校，能自己吃饭，下午会到训练机构进行两个小时的训练，内容主要是游戏、认知、沟通等</td></tr>
<tr><th colspan="11">生长发育史</th></tr>
<tr><td colspan="11">出生史：该生无家族遗传病史，母亲孕期正常，足月顺产，出生时健康良好，出生后无重大疾病。
发育史：该生爬行行走发育正常，2 岁 3 个月前无语言，无眼神交流。现有功能性口语，能表达自己的基本需求。
生理状况：视力没有做过正式的检查，据观察，视力正常；听力没有做过正式的检查，据观察，听力较好。因平时吃得较多，运动也较多，身体强壮，且偏肥胖。
其他：无其他体质病</td></tr>
<tr><th colspan="11">医疗史与康复训练史</th></tr>
<tr><td colspan="11">正式评估结果：2 岁 7 个月时，在广州市中山大学附属第三医院做了鉴定，诊断为孤独症谱系障碍。2017 年 5 月在广州市残疾人康复中心进行韦氏智力测验得：言语智商≤ 45、视觉空间≤ 86、工作记忆≤ 45、加工速度：66，全量表：57；社会适应能力标准分 8，社会适应能力轻度缺损</td></tr>
</table>

续上表

教育史
2岁多确诊后曾在中山三院上过几个月的亲子班，后入读普通幼儿园。幼儿园毕业后，一直在训练机构进行训练，培训内容主要为认知、游戏、感统社会性等方面，语言理解表达方面有进步，但是没达到家长期望
日常表现概述
1. 感官知觉 （1）视觉应用：有良好的视觉机警度，可以追视移动的人或者物品，有适当的视觉注意力和视觉区辨反应。 （2）听觉应用：声音机警度良好，对于呼唤名字、作息音乐、钟声、车声等环境的声音，每次都能正确回应，有良好的听觉理解能力，在没有干扰的情况下，可以倾听维持10秒。 （3）触觉应用：身体被触碰时有反应（4次中有1次）；对于身体触觉刺激过度偏好，喜欢抱抱；对于脸部和口腔的触觉刺激，不排斥也不过度偏好；能自己玩玩具；触碰到冰或者热的物品会表示；需要提示来分辨相同以及不同质感的物品。 （4）味嗅觉刺激：能接受各种不同的食物，尝到或者闻到不同味道的食物时，会有不同的表情，会排斥不喜欢的食物。 （5）前庭和本体觉刺激：在大人抱扶玩摆荡、摇晃、旋转时，会过度依赖和兴奋，喜欢和人玩紧抱以及重压的游戏，爱反复从1米左右高度跳下寻求身体的本体觉。 2. 动作能力 （1）粗大动作方面：能较自如地控制姿势，且移动力较好，可爬、走、跪行、跑、跳，能连续侧身翻滚；可以自己上下楼梯；能站在较高处保持平衡，并会双脚并拢往下跳。做广播操时能在提示下做拍手、弯腰、踢腿、跳等简单动作。在球类运动中，能向远处投球，偶尔投得比较远，在指示下能有目标地投递，能在一米半左右距离传球，能按老师要求传给指定的人，有拍球的动作出现。会溜冰、踩单车。 （2）精细动作方面：精细动作发展尚可。抓放能力方面：能够用前三个手指抓拿小饼干。作业能力方面：能够用手指按镶嵌板、穿珠子等。工具使用方面：能够用较正确的姿势握笔，会进行简单的仿写仿画，会写自己的名字；能把黏土搓成条形；会用剪刀剪纸条，会自己翻书撕纸。 3. 生活自理能力 （1）饮食：能自己用勺子或者叉子吃东西，可以自己拿水杯喝水，会自己将吸管插进瓶中喝牛奶。进食中表现出只吃固定的几种食物等严重的偏食、挑食行为，吃完饭可以按要求去倒垃圾。但是餐前的准备意识比较弱，餐后的清洁能力欠佳，需要加强。

续上表

（2）穿着：能自己穿脱简易的衣服和鞋子，但偶尔会穿反衣服。会把裤子、袜子等往上提，但穿袜子偶尔会穿反。能根据鞋子的左右穿鞋。

（3）如厕：知道自己的如厕需求，一般能自己去厕所，上课时会表达要上厕所的需求。如厕后，会自己去冲水、洗手、擦手。

（4）身体清洁：在提示下能自己洗脸、擤鼻涕、擦嘴巴，洗澡需要大人协助。

（5）健康安全：辨识安全和危险物品的能力较弱，尚不具备规避危险的能力，自我保护的能力较弱，尚没有隐私和保护隐私的意识。

4. 沟通能力

（1）言语机转：口腔功能较好，能正常咀嚼和吞咽饭菜。呼吸、发声、双唇开合、舌头活动、张口闭口、吹、口水控制等方面能力较好。

（2）语言理解：能对自己的名字做出反应，情境下能够理解简单的句子以及简单的手势、姿势。能理解常见的物品名称，能理解常见的熟悉地点、熟悉人物称谓、常见的动作、部分形容词，但是理解的量不足；能理解简单的三词句子，理解含有“什么”和“不”的问句，对其他类型问句和复杂句的理解能力尚需要提高；对代词、空间词及含空间词的句子、叙述性语言和暗示性语言的理解能力尚未显现。听指令方面，能理解环境中日常简单的一步指令和部分两步简单指令，但是偶尔执行能力不够，在提醒下能够听从老师的指令，对复杂指令的理解和执行能力欠佳。

（3）语言表达：有功能性口语，能够用简单的词汇、简单的句子表达需求，能回答简单的问句，会说“我要喝酸奶”“我不要”等简单句表达需求；构音正确，发音清晰，语言流利；日常生活中主动性的表达不多，在要求下会用语言表达和描述，但是较多运用名词词汇，较少运用句子；能在老师的提示下，完成简单的自我介绍及问好；会模仿动画片中的人物，仿说复杂句子；尚不会提问和使用语法转换句子。

（4）语用能力：在有需求的时候沟通意愿较好，日常主动性沟通的意愿不强；沟通时，视线接触一般，音量偏小；日常常用的沟通功能为表达需求、表示拒绝、打招呼、回答问题等，描述、指示告知、提问、表达情绪、澄清等功能尚未显现，沟通的技能技巧尚需要提高。

5. 认知与学业能力

（1）概念理解：物体恒存概念和因果概念较好；有基本的物件概念，如常见零食、水果、日常用品等，能完成同物件的实物与图片配对，能对部分熟悉物品的命名，在提示下能对物品按照功能配对和分类；有基本的颜色概念、形状概念、比较概念，但掌握的量不足，对常见的颜色、形状认识较好，但是在生活中运用时不稳定，目前空间概念、相反概念、时间、金钱等概念较缺乏；符号概念方面，认识部分图卡，能够辨认日常生活中的部分常见物品及其图片，听懂部分物品的口语名称；数概念方面，会进行 1 ~ 29 唱数，认识 10 以上的数字，数字的排序、数量配对、数应用的能力尚在发展中；顺序概念方面，在大小、多少、时间顺序上还有很大发展空间。

续上表

(2)模仿：模仿能力较好，能进行简单的动作、表情、声音、操控物件的模仿，连续几个步骤的模仿能力尚需要提升。 (3)记忆：记忆能力较好，物品记忆、位置记忆、自己所有物记忆等能力较好。能够记认自己的物品，如胸卡、书包、水杯、椅子等，对常见的教室里物品摆放位置有意识。能记住校园内常用的场所，能找到饭堂、厕所，认识常见的老师。能记住看过的动画片的名字及里面的人物场景等。 (4)配对分类：能够进行多个物件的一项度的配对，如同物配对；在口头提示下，能够进行一项度的分类，如同物分类。尚不能进行两项度的配对和两项度的分类。 (5)逻辑思考：找错、找不同、逻辑推理、解决问题等逻辑思考能力方面正在发展中。 (6)解决问题：解决问题的能力正在发展，会想办法取得自己想要的物件，会主动找成人寻求协助，但是方式简单单一，技能运用及修正错误的能力需要进一步提高。 (7)阅读能力：阅读能力欠佳，能翻看图画书，但在对内容的理解上需要提升，对字卡、故事书和主要符号的认读能力还需要提升。 6. 社会技能 (1)自我概念：能辨认属于自己的物品，能说出自己的名字、性别，在提示下能说出自己的年龄，能辨认自己的照片，认识自己的身体，认识自己的父母照片，在认识自己的家庭信息方面尚有较大空间。群体中积极举手和说出自己想法的能力欠佳，尚不能评价自己。 (2)环境适应：能与父母分离一整天上学，未表现出明显的怕生；愿意参与新事物，能够适应陌生环境；在提示下能够遵守教室规则，在口头提示下能够收拾玩具；完成工作、挫折忍受能力欠佳，遇到困难或者挫折的时候，表现为咬紧牙关、用怨愤的眼神看着情境中的人，同时偶尔会出现用手捏别人的胳膊、拍自己的腿或者用拳头打人等行为。 (3)人际互动：与人主动性互动较少，大部分为回应互动，在提示或者要求下会关注同伴或者与同伴互动，能与成人互动，能配合老师完成一些简单的任务，如完成游戏等。能在提示下与人打招呼问好，会用短暂的眼神关注他人，对人的关注有待提升；在提示下会关注老师的活动，看到熟悉的、喜爱的老师，会主动跑过来搂老师的脖子，并顺势爬到老师的身上求抱抱；在提示下愿意分享自己的食物或者玩具，在提示下愿意帮助同伴；延缓等待和轮流的能力尚需要提升。 (4)游戏特质：会用动作探索玩具，会玩功能性玩具、因果玩具，会玩建构类玩具如拼搭房子等，玩规则性游戏、合作性游戏和竞争性游戏有很大发展空间。

续上表

7. 兴趣与行为 （1）兴趣或特长：兴趣比较广泛，动作类的活动都比较喜欢也比较擅长，喜爱跑、跳等。运动方面的能力较好。对同伴活动或者集体活动兴趣欠佳。 （2）行为：对强化物表现出积极性，在提供喜欢的外部强化物前提下，能完成活动；变通灵活性方面表现出很难停止当前喜欢的活动或任务，大部分时间转换或过渡到下一个教学活动任务时，能够接受事情的发展变化；当被拒绝时，会做出很生气的表情，有时会掐人的胳膊。常常（包括吃饭时）自言自语很难停下来，不断模拟演说动画片中的情景话语，并会表现出情节中的情绪，如开心的笑或者哭，需要老师的多次提醒才能停止。 8. 强化物调查 （1）正向强化物：①拥有性：薯片、饼干等香脆零食，巧克力豆、糖果、酸奶、山楂片等零食；土豆、蒸鸡蛋、有提子干的吐司等香的食物；从父母那里得到的一直装在口袋里的小零食。②活动性：看动画片，听亲宝儿歌；喜欢在空旷的地方奔跑、玩球等大运动。③社会性：喜欢拥抱、抱起来转转，对夸赞的语言、击掌等喜欢程度一般。 （2）负向强化物：拒绝否定的指令；不喜欢吃海苔等；不喜欢扎头发；不喜欢做数学类的逻辑思考的题目

第三节　推进步骤之评估

对特殊儿童而言，教育评估是指采用各种测验和其他测量手段来搜集与特殊儿童教育有关的大量的信息、资料，并通过对这些信息与资料的分析、解释、推测和判断，推断出特殊儿童能力与成就的现状、优劣势、最近发展区、存在的问题及特殊需求，从而做出教育性决定的过程。[①]精准的评估是制订出满足学生需要的个别化教育计划的基础，也是个别化教育质量的重要保证。广州市天河区启慧学校在学生入学后，经由跨专业教师团队合作，为每一位学生进行教育诊断和课程本位评估，以了解其学习特质和学习起点，作为制订 IEP 的重要依据。

① 王辉．特殊儿童教育诊断与评估［M］．南京：南京大学出版社，2018.

一、教育诊断

（一）教育诊断的定义和目的

在实施教学的过程中，教师会发现：有的学生擅长听觉记忆，有的学生借助视觉提示能有较好的表现；在回答问题的时候，有的学生运用口语，有的学生运用手势语；在实操练习的时候，有的学生更适合写画，有的学生更适合剪贴……由此可见，在学习的历程中，每一位学生较能接受的刺激、表达和反应的方式，甚至是加工的方式都可能是不同的。那么我们该如何判断学生适合用怎样的学习方式进行学习呢？又如何依据学生的个体内差异（利用优势，规避弱势）来设计教学活动呢？这就需要教师对学生进行教育诊断，深入了解学生的学习特质。

教育诊断是指在特殊儿童的学习活动前、学习中或学习活动后，对儿童的心理特质、学习需求、环境关系的把握及现状的描述。① 教育诊断的目的在于，把握学生各发展领域的能力，了解学生的学习特质，让各科教师能使用有利于学生学习的方法、策略来进行教学。一般来说，教师在进行教育诊断时，可以采用各类评估工具来了解学生的感官知觉、认知、语言、动作、社会情绪等领域能力的特质。评估以上各发展领域能力应涵盖内容及目的如表 4–3 所示。

表 4–3　教育诊断的发展领域、内容、目的一览表

发展领域	内容	目的
感官知觉	1. 视觉 2. 听觉 3. 触觉 4. 前庭觉 5. 本体觉	了解学生如何吸收外界讯息，以便用有效的方式提供教材
认知	1. 认知发展（记忆、理解、综合、分析、推理等） 2. 认知形态（认知习惯、元认知等）	了解学生对所获信息如何理解、记忆、应用、综合、分析

① 张文京，严小琴．特殊儿童个别化教育：理论、计划、实施［M］．重庆：重庆大学出版社，2015.

续上表

发展领域	内容	目的
语言	1. 语言理解 2. 表达模式 3. 语言障碍情形 4. 发音器官结构与功能	1. 了解学生能理解的指导语 2. 了解学生能表达的语言形式 3. 设计可应用的辅具
动作	1. 肌肉张力 2. 骨骼 3. 体能 4. 动作发展（粗大动作、精细动作）	1. 了解学习能以何种动作进行练习、反应 2. 设计可应用的辅具
社会情绪	1. 社会化发展 2. 气质与人格（注意力、活动量、坚持度等） 3. 兴趣与动机 4. 异常行为	1. 了解学生适合的学习环境（心理、物理） 2. 了解学生学习时的行为表现 3. 发现适合的增强方式

（资料来源：结合《特殊儿童个别化教育：理论、计划、实施》及重庆向阳儿童发展中心所举办第二十三期“培智教育咨询教师工作营”的培训资料整理而成）

（二）教育诊断的工具

广州市天河区启慧学校的教师团队通过专业系统学习、购买评估工具、改良现有评估工具等方式，已经整理出一系列适应学生教育需要的教育诊断量表。其中主要采用《孤独症儿童发展评估表》，该评估表是一种发展性评估工具，由中国残疾人联合会康复部编制，适用于孤独症及其他发展性障碍儿童，由感知觉、粗大动作、精细动作、语言与沟通、认知、社会交往、生活自理、情绪与行为八个评估领域共 493 个项目组成。该评估表所涵盖的评估领域全面、操作方式易行，且把评估结果转换到“发展情况剖面图”及“情绪行为表现图”后，能直观地体现儿童发展现状和情绪行为问题轻重，因此，广州市天河区启慧学校的教师首先会采用此评估表面向全体学生进行教育诊断。鉴于中重度智力障碍学生教育康复需求差异较大，仅用一种教育诊断工具未必能精准地定位到部分学生的能力需求，广州市天河区启慧学校教师还针对自闭症、脑瘫儿童等采用相应的评估系统开展教育诊断，针对智力障碍儿童的“动作康复”“感知觉”“沟通与交往”“情绪与行为”等四个领域整理形成了完善的教育诊断体系，以供教师们按需选用，为实施个别化教育中的精准评估提供重要支撑。节选详见表 4–4。

表 4–4 启慧学校教育诊断量表节选

学生类型	领域	诊断工具
自闭症	《学龄孤独症儿童教育评估系统》（北京师范大学研发）	
脑瘫	《脑瘫儿童日常生活自理评估量表》	
智力障碍	动作康复	《改良 Ashworth 痉挛分级标准》评估肌张力
		《MRC 肌力分级法》评估肌肉力量
		《Corroll 手功能评估量表》评估手功能
		《全人发展评估记录表》
		《特殊儿童运动能力评估指导手册》
	感知觉	《特殊儿童感知能力评估指导手册》
	沟通与交往	《特殊儿童认知能力评估指导手册》
		《特殊儿童社会适应能力评估指导手册》
		《特殊儿童语言与沟通能力评估指导手册》
		《S–S 法语言发育迟缓检查》
		《构音障碍功能评定表》
		《身心障碍学生特殊教育语言治疗评估表》（92 听语协会编）
	情绪与行为	正向行为支持相关评估工具

（三）教育诊断的一般流程

教育诊断的实施者为跨专业教师团队，包括对学生班主任、副班主任、各科任教师，以及动作康复、语言训练、自闭症康复训练等领域的康复教师。一般先采用《孤独症儿童发展评估表》对每位学生进行全面的评估，整体地呈现出学生在各领域的发展现状，其后跨专业教师团队依据学生障碍类型、障碍程度、特殊需要等因素在广州市天河区启慧学校教育诊断体系中选取合适的评量工具实施进一步评估。

教师在测量学生各项能力的特质后，心中要谨记教育诊断的目的，依据所了解到的学习特质，思考如何把这些学习特质运用到学习上，从而找出有利于学生学习的方法和策略。具体的做法是，充分利用教育诊断的评量结果，分析出学生的优弱势（包括优弱势领域及各发展领域内的优弱势），其后依据优弱势提出建议和对策。一方面，可从利用学生优势、现状、偏好的角度提出建议对策，比如对视觉优势的学生，可以多运用视觉提示；依据学生语言理解的现状能力来设计合适的指导语；设置学生感兴趣的情境，引发其沟通行为；等等。另一方面，可针对学生急需提升的弱势提出建议对策，可从采用医学措施、实施补救教学、施行替代方案等角度进行思考，比如发现学生听力受损，可建议其到医院检查是否需要戴助听器；若学生精细动作水平受限，可考虑为其安排手功能康复个训；若学生口语表达能力受限，影响有效沟通，可为其设计合适的沟通辅具；等等。

教师在采用各类评量工具对学生进行教育诊断、依据教育诊断结果进行优弱势分析后，需整理形成文案资料《教育诊断结果及分析》。

二、课程本位评估

（一）课程本位评估的定义和目的

课程本位评估是直接使用学校所教的课程进行评估，为发展有效教学提供比较丰富的资料，并改善标准化测验与教学评估无法连接的缺点。① 课程本位评估是通过学生外显表现的改变说明在该课程中所获进步的一种表现性评估。课程本位评估的评估材料通常来自于课程内容，它的评估结果能够直接用于教学，其评估项目既可以作为教学的内容也可以直接生成教学目标和评估目标。如果说教育诊断是解决“学生更适合用什么方式学”的问题，那么课程本位评估便解决了“学生学什么、该从哪里开始学”的问题，它的目的是找到学生的学习起点，为制订 IEP 目标提供直接依据。

（二）课程本位评估的工具

在 2018 年之前，广州市天河区启慧学校主要采用发展性课程评量工具《双溪心智障碍儿童个别化教育课程》《早期疗愈课程评量》及功能性课程评量工具《智障儿童适应性功能教育课程》对学生进行课程评估。从 2018 年起，广州市天河区启慧学校积极推动基于国家课标的课程改革，而新课标是统一性与弹性的结合，课程本位评估是有效实现其弹性转化的途径，且

① 王辉．特殊儿童教育诊断与评估［M］．南京：南京大学出版社，2018.

能为教师开展基于课程标准的教学提供指导。[①] 因此，广州市天河区启慧学校自2018年起开始使用基于国家课标的课程本位评估工具，主要使用重庆向阳《自编培智课程四好评量表》，并参考长沙特校《培智义务教育课程评估手册》。

广州市天河区启慧学校现阶段主要采用的课程本位评估工具《自编培智课程四好评量表》是由重庆向阳儿童发展中心教师团队研制的，此评量表将培智教育课程实施从原来的知识获得导向转变为有利生活质量提升的功能导向。评量表将培智新课标中的每一项能力，分成各具功能的四好等级，形成四好评量标准，同时用常用的量化等级0、1、2、3、4作为评分标准，辅助评分者理解和拿捏四好标准。分别为："0分者，好麻烦，不好照顾"；"1分者，好照顾，可接受、会关注、会选择（无意识），需全面支持，但照顾者不太费力"；"2分者，好家人，可生存、能自理，对基本需求有意识，是家中稳定的一分子"；"3分者，好帮手，属于家庭（原住家庭或福利院、青年之家等生活环境）中的得力助手，达到常人日常生活标准"；"4分者，好公民，属于一般人一样的生活模式，能就业、能创造"[②]。评量表分九大领域，即培智新课标划分的七门一般性课程及其中两门选择性课程：生活语文、生活数学、生活适应、劳动技能、唱游与律动、绘画与手工、运动与保健、信息技术、艺术休闲。基于广州市天河区启慧学校课程设置的现状，现主要采用上述七门一般性课程及信息技术这八个领域分量表进行评估。

广州市天河启慧学校现阶段在进行课程本位评估时，会参考《培智义务教育课程评估手册》，该评估手册是根据《国家义务教育课程标准（2011年）》和《培智学校义务教育课程标准（2016年）》精神，对国家课程标准进行重构和优化形成的用于评估学生学习能力和学习现状的评估工具，包含语文、数学、生活与劳技、生命与健康、运动与保健、唱游与律动、绘画与手工、信息技术评估8个部分。[③] 虽然暂未全面铺开使用该评估手册，但它的评估项目细致、系统，对学校教师在依发展序列性选择IEP目标、遵循学科知识体系来细化短期目标方面极具参考价值。

（三）课程本位评估的一般流程

课程本位评估的实施者为各个学科的任课教师。各科任课教师依据学

---

① 谢正立，邓猛．新课标背景下培智学校课程本位评估的几点思考［J］．现代特殊教育，2017（18）：40-45．

② 李宝珍，戴玉敏．培智学校义务教育课程标准（2016年版）之自编培智课程四好评量表［Z］．重庆：江津向阳儿童发展中心，2020．

③ 王辉，胡建郭，王磊，等．培智义务教育课程评估手册［M］．长沙：湖南大学出版社，2019．

生日常上课表现进行回顾式评量，如果在评估过程中遇到日常观察不到的项目，可组织一个以评估为主的教学活动，让需要评估的项目成为该教学活动的聚焦点，在活动中观察学生表现，得出评估结果。如在评估过程中出现争议，教师可考虑遵循“就低不就高”的原则，给学生留出更多的学习空间。各科教师实施评估之后，可把各科得分转化为评估结果侧面图，并生成综合侧面图，从而使评估结果更直观、鲜明，也便于比较和分析。通过综合侧面图，教师能够分析出学生的优势科目和弱势科目，而通过各科评估结果侧面图，教师则可分析出各科的学习起点。广州市天河区启慧学校制订个别化教育计划的期限一般为一年，因此每学年初均需进行课程本位评估，而每次评估的结果标示在同一张侧面图上，以不同颜色的折线代表不同学年的评估结果，不同颜色折线之间的比较能直观地体现出教育的成效及学生的进步，同时新的折线也直观地体现出新的个别化教育计划的起点。

教师在采用课程本位评估工具对学生进行评估，依据评估结果进行分析并提出各科教育建议后，需整理形成文案资料《课程评估结果及分析》，结合《教育诊断结果及分析》，即形成《评量结果分析表》。

表 4-5　个别化教育计划示例——《刘某 2018—2019 学年第二学期评量结果分析表》

<table>
<tr><th colspan="2">课程评估结果及分析</th></tr>
<tr><td colspan="2">评估人员：各科任课老师　　评估日期：2019 年 7 月
评估工具：《自编培智课程四好评量表》低年段</td></tr>
<tr><th>学科</th><th>评估结果</th></tr>
<tr><td>生活语文</td><td>倾听与说话：使用人称代词为 0 分；在别人对自己说话时注意倾听、听懂简单的句子并作出适当回应为 2 分；使用人称代词、认识汉字的笔画、熟悉班级环境、与同伴一起交谈了解获取信息为 1 分；其余均为 3 分。
识字与写字：关注汉字并萌发兴趣、区别一般图形与汉字、用铅笔抄写或描写生活中常用的汉字为 2 分；认读生活中常用汉字 10～50 个、认识汉字笔画、按从左到右的顺序书写汉字为 1 分。
阅读理解：从图片中找到熟悉的人物和生活情景、结合图片内容理解词语的意思均为 3 分；用普通话朗读简单句、以基本正确的阅读姿势阅读均为 2 分；通过图片及对应的文字理解图画的意义、诵读诗歌、阅读背景简单的图画和故事书并了解大意均为 1 分。
综合性活动：与同伴交谈获取信息为 1 分；参加语言活动、参加校园及班级活动为 2 分</td></tr>
</table>

续上表

学科	评估结果
生活数学	常见的量：感知物体的有无、多少、同样多，会区分为3分。感知物体的大小、长短、高矮等量的特点，会比较并排序；在现实情境中，认识元（1元、5元、10元），会进行换算，均为2分。感知物体的粗细、厚薄、轻重、宽窄等量的特点，会比较并排序；在现实情境中，认识早晨、中午和晚上，认识上午、下午，均为1分。 数与运算：借助实际情境和操作，理解“加”和“减”的实际意义；认识“+”“−”“=”三种符号，知道加、减法算式中各部分的名称均为0分。在现实情境中，理解10以内数的含义，能数、认、读、写，能强调手口一致地点数10以内的物，达到3分。其余均为1分。 图形与几何：位置的认识为1分；能通过实物和模型，初步认识生活中的球体为2分；其余均为3分。 统计：分类统计达到3分。 综合与实践：金钱概念的运用为2分；时间概念的运用为1分；图形几何运用，如会用长方形、正方形、三角形和圆形进行简单的拼图为3分；其余均为2分
生活适应	个人生活：认识常见的餐具并整理，洗脸、洗手、刷牙，及时表达大小便，认识常见的衣物，穿脱简便的衣服、鞋袜均为3分；认识常见食物，戴帽子、手套，生病时向老师及家长求助，对身边的事物感兴趣均为2分；初步养成良好的进餐习惯为4分。 家庭生活：正确称呼家庭主要成员、听从父母和长辈的教导为3分；愿意分担力所能及的家务劳动、知道家庭居室的名称和功能为2分；其余均为1分。 学校生活：认识班主任、任课老师、工作人员，知道老师的辛苦、听从老师的教导，知道学校的校名、校长及班主任的姓名及电话等信息，爱护校园设施、保护校园环境均为1分；认识班级同学名字、性别，愿意和老师、同学交往使用礼貌语，认识自己的教室及相关场室和功能，认识和爱护自己的学习用品，了解少先队的相关知识均为2分；了解学校的一日安排，遵守纪律养成基本的学习习惯为3分。 社区生活：认识社区，参与社区，学习使用公共设施，了解社区环境中的安全隐患，遇到危险环境躲避隐患均为1分。 国家与世界：知道国家与世界各地的名称均为1分

续上表

学科	评估结果
劳动技能	自我服务：使用物品、整理物品、洗涤物品、移动物品均为 2 分。 家务劳动技能：餐前准备和餐后收拾，开、关、锁门窗，厨房劳动均为 2 分；整理床上用品、扫房间均为 1 分。 公益劳动技能：浇花、社区劳动均为 1 分；其余均为 2 分。 简单生产劳动技能：使用工具、手工劳动均为 2 分
唱游与律动	感受与欣赏：感知为 2 分；探索与表现为 3 分；欣赏为 2 分。 演唱：演唱运用为 3 分；初步练习唱歌的口型和姿势、学习正确唱歌的方法为 1 分；其余为 2 分。 音乐游戏：参与游戏为 3 分；音乐游戏规则为 2 分。 律动：节奏与韵律为 3 分；动作与表现、表演均为 2 分
绘画与手工	造型·表现：绘画、手工、美术元素、动作控制均为 3 分。 设计·应用：通过描画、涂色、制作等活动，锻炼手部力量和控制能力为 3 分；其余为 2 分。 欣赏·评述：欣赏与评述均为 2 分。 综合·探索：综合创作表现均为 2 分
运动与保健	运动参与：参与体育运动学习和锻炼、体育运动知识均为 3 分。 运动技能：运动技能和方法为 3 分，安全运动的意识和能力为 1 分。 身体健康：运动保健知识和方法、良好体型和身体姿态均为 1 分；全面发展体能和健身、适应自然环境均为 3 分。 心理健康：良好的体育道德为 1 分；合作意识和能力为 2 分；其余均为 3 分
信息技术	因未接触过信息技术课程，信息技术课程内容基础知识为零，观察学生能够接受信息技术，并且愿意学习信息技术，配合度较好

续上表

学科	评估结果
教育建议	优势科目：绘画与手工、唱游与律动、运动与保健、生活语文都在2分以上，属于相对优势科目；生活数学、劳动技能接近2分，也属于优势科目。 弱势科目：生活适应处于1分和2分之间，目前属于劣势科目。 需要在以下科目的以下领域加强： 生活适应：提升洗手、洗脸、刷牙及如厕事项等个人卫生方面的技能；认识人民币，建立初步的健康消费意识；提升居家安全意识，知道自己的家庭地址、电话及周边环境。 劳动技能：通过整理床上用品，提升清洁整理能力；通过清洗少数蔬菜、水果增强厨房劳动能力；通过简易方式打扫教室进行校内劳动及以固定方式进行手工劳动。 生活语文：提升听懂常见的词句、读写生活中常见的汉字、用普通话朗读的能力。 生活数学：通过借助实际情境和操作，理解“加”和“减”的实际意义，提升数的预算能力；在现实情境中，认识元（1元、5元、10元）并进行换算，增强金钱概念；通过比较，区分差异性不明显的多少和辨别上、下、前、后，提升对常见的量理解和运用的能力。 运动与保健：提升运动技能，改善身体健康和心理健康。 绘画与手工：提升设计与运用、欣赏与评述等方面的能力。 唱游与律动：提升感受与欣赏、演唱、音乐游戏等方面的能力

教育诊断结果及分析 评量者：谭艳玲 张梦雅　　分析者：谭艳玲　　评量日期：2019年7月 评量工具：《孤独症儿童发展评估表》《强化物调查表》		
领域及评估结果	现状分析（优弱势）	教育、康复重点与建议
精细动作：5岁2个月	优势：摆弄物品，双手配合，手眼协调，握笔写画方面表现较好	1. 加强对逐页翻书、剪复杂图形进行练习。 2. 多利用物件操作摆弄、涂画撕贴等动手操作类的方式来学习，在做中学
	弱势：逐页翻书、剪复杂图形需要提示才能完成	

续上表

领域及评估结果	现状分析（优弱势）	教育、康复重点与建议
粗大动作：4 岁 5 个月	优势：姿势站坐、爬坐站立、行走、推端接拍踢方面能力较好	1. 动作发展较好，身体素质较好，可以考虑发展运动方面的兴趣。在足球、棒球等球类运动方面可能有优势。 2. 多利用推端接拍踢等大动作方面的方式来学习
	弱势：倒退行走、脚尖贴脚后跟走、跳过高度及膝的栏杆、连续单脚跳及向后跳、击、踢、左右手轮向上拍方面未能通过	
感官知觉：4 岁 5 个月	优势：视觉（视觉注视、视觉追视、视觉辨认、视觉记忆及重整、视觉偏好）具有明显的优势；听觉反应及听觉注意较好；味觉辨别较好；触觉反应及触觉辨别较好	视觉辨别能力较好，能够很好地利用视觉优势学习。多利用视觉学习优势，提升其语言理解的词汇量，提高配对分类能力。通过视觉看到的内容做选择，增强与人互动、回应等能力
	弱势：触觉辨别时无法分辨轻重；味觉记忆方面无法辨别味道的浓淡、食物的软硬和滑粗及混合食物的味道；嗅觉反应时无法对 3 种不同气味做出反应，辨别时无法分辨香臭气味	
语言和沟通：2 岁 2 个月	优势：非语言沟通能力，分辨声音较好。语言理解方面，对指认身体部位、食物、家具、餐具、家庭成员、自己、动物的能力较好，对动作指令理解较好；语言表达方面，表达常见物品、身体部位、不、水果较好，会表达数量和颜色的短语，会表达自己和他人活动的主谓宾句子	1. 语言理解和语言表达能力较弱，会影响日常学习。沟通功能弱，主动沟通有效性欠佳，可能影响日常生活，建议加强语言沟通方面的训练。 2. 日常多设置创造一些与人互动的活动，增加与人互动沟通的机会，多教导其用语言表达自己想要的事情或物品，增加其练习机会
	弱势：舌头运动欠佳，不能模仿 h、d、t、g 音，不能理解“你、我、他”，不能指认上午、下午、晚上，不能理解先、然后，不能理解事物整体与部分、所属、条件、因果、转折关系等，对形容词的理解欠佳，不能用形容词进行表达，不会表达时间修饰句，不会主动提问、复述、主动描述	

续上表

领域及评估结果	现状分析（优弱势）	教育、康复重点与建议
认知：2岁	优势：经验与表征，分类配对，空间概念（除上下、前后外），颜色、形状概念，指出大小，重复数字，唱数，认读数字方面表现较好	1. 配对分类能力较好，能够利用其配对分类进行充分教学，且具备准备能力，能够安坐听指令等，愿意配合学习。 2. 多借助生活进行认知方面的训练。在生活情境中，帮助其理解时间、方位、多少等常见的量；在现实情境中，借助情境帮助其理解加减的概念
	弱势：排序，时间概念，上下前后，多少长短轻重，加法减法等较弱	
社会交往：1岁8个月	优势：能够较好地认识自己，能够安坐，近距离的告别方面达到两岁儿童水平，能被动自我介绍，在回答提问方面表现较好	社会互动与人关注欠缺，会影响学习。可提供几个教材、教具、答案或图片以供选择，增加与人互动的机会，改变原来的单一做法
	弱势：与陌生人互动，评价自己，控制自己，近距离打招呼，电话告别，表示感谢、抱歉、称赞尚不能做出适当的表现。目光注视社交对象需要提示	
生活自理：4岁1个月	优势：进食、穿衣等能力较好	1. 必要时咨询医生，对其睡眠进行改善处理。 2. 记录其如厕情况，按时提醒其如厕，并教导其表达。 3. 收拾餐具方面，与家长沟通，在午餐及日常就餐情境中对其进行个别指导。 4. 可适当布置一些整理及清洗的小任务
	弱势：如厕方面，表达如厕需要、分辨厕所及大便清洁能力较弱；洗澡、梳头发等梳洗能力表现较差；睡眠表现出睡觉不安稳，安静入睡困难；饭前饭后收拾餐具较弱	

续上表

<table>
<tr><th>领域及评估结果</th><th>现状分析（优弱势）</th><th>教育、康复重点与建议</th></tr>
<tr><td rowspan="2">情绪和行为</td><td>优势：感觉偏好部分的视觉、听觉、触觉、味觉、嗅觉与其年龄基本相适应</td><td rowspan="2">日常加强情绪、行为方面的教导和正向支持</td></tr>
<tr><td>弱势：大部分情绪、行为与其年龄明显不适应，明显地表现出不同与特异，如：情绪的表达与调节部分、对物品的兴趣两个方面</td></tr>
<tr><td rowspan="2">强化物</td><td>喜欢：吃喝的食物：薯片、饼干、巧克力、提子干、橡皮糖、牛奶、酸奶；活动：骑车、涂色、看动画片《巧虎》；学习活动：体育活动、大运动的律动；口头鼓励：爱听好棒；身体接触：拥抱</td><td rowspan="2">参照强化物调查结果，在课程学习中运用</td></tr>
<tr><td>不喜欢：吃喝的食物：紫菜、沙拉；物品：风油精、润肤露；学习活动：学数学、思考、逻辑分析；口头鼓励：要加油；身体接触：扎头发、和别人拉手</td></tr>
</table>

第四节 推进步骤之分析

“分析”是学校个别化教育推进过程中的重要步骤，如果没有到位、透彻的分析，各种评估的结果可能只会是冷冰冰的数据，我们既无法看清评估结果的本质属性，也无法把握评估结果与学生学习之间的关系。除了依据评估结果进行优弱势分析外，广州市天河区启慧学校还会组织跨专业教师团队研讨及家长研判会议，共同依据评估结果，对学生的教育安置、发展方向、下一阶段的教育重点等内容进行分析和研讨。

一、跨专业教师团队研讨

（一）跨专业教师团队研讨目的

个别化教育是学校教育的核心和灵魂，所有教师都是个别化教育的参与者和实施者。为确保学生个别化教育的评估更准确、计划制订更全面、实施落实更方便，启慧学校成立跨专业教师团队研讨机制，跨专业教师团队由班主任、副班主任、各科任课教师、个训教师组成，根据教师日常教育教学情况明确各自分工，落实各岗位的职责，以研讨会的形式对评估结果、学生目标、教学规划等内容互相研讨，为学生个别化教育提供重要保证。跨专业教师团队的研讨就像是一次多方专家集结的“会诊”，可以让各相关教师全面了解学生的情况，各教师之间也能互通信息，便于日后更好地协调和合作。跨专业教师团队运作情况详见表4–6。

表4–6 启慧学校跨专业教师团队研讨机制

教师类型	教师类别	个别化教育职责	跨专业教师研讨会议分工
班主任		学生资料收集、课程评量、目标制订、目标汇总、目标分配、主题规划、主题分析、教学设计	组织者

续上表

教师类型	教师类别	个别化教育职责	跨专业教师研讨会议分工
学科教师	生活语文教师	相应各科目的课程评量、目标制订、目标汇总、目标分配、教学规划、教学设计	参与者
	生活数学教师		
	生活适应教师		
	劳动技能教师		
	唱游与律动教师		
	绘画与手工教师		
	运动与保健教师		
	信息技术教师		
个训教师	动作康复教师	教育诊断、目标制订、干预规划、干预设计	参与者
	语言康复教师		
	自闭症康复训练教师		
	沙盘治疗教师		

（二）跨专业教师团队研讨内容

跨专业教师团队研讨的具体内容包括：班主任作为主持学生个别化教育工作的核心人物和组织者，组织与学生相关的各科任教师、个训教师参与研讨会议；教师分别就前期资料收集、教育诊断、课程评估的结果进行汇报，为避免评估结果受主观因素干扰，各相关教师必须互相检核，保证评估结果的客观性；教师分别汇报各自负责的评量结果分析，所有教师共同研讨，集思广益，确保分析的透彻性和建议对策的可行性；教师共同研讨，确定下一阶段的教育安置和教学重点，包括明确各学科的教学重点，关注学生功能障碍，明确学生是否需要康复个训或需要哪个领域的康复个训，发掘学生潜能，明确学生参加哪一个康复小组，明确学生是否适合参加课后训练队等；研讨并初步选定长期目标；研讨下一阶段的教学规划等。

在研讨会结束后，各相关教师应整理各自负责的评量结果分析，班主任根据研讨会上确立的学生下一阶段教育安置、教学重点、主要负责人等信息汇总成文案资料《学生教育安置表》。

表 4-7　个别化教育计划示例——《刘某 2018—2019 学年第二学期教育安置表》

形式	安置（课程）	重点	服务时间	负责人
集体教学	生活语文	听说读写能力及生活中运用能力	每周 3 节	谭，张
	生活数学	常见的量、数与运算、图形几何、简单统计、综合实践	每周 2 节	谭，张
	生活适应	安全卫生知识技能	每周 3 节	谭，张
	劳动技能	简单整理清洁技能	每周 1 节	谭，张
	唱游与律动	音乐欣赏、演唱、律动乐器模仿等	每周 3 节	韩
	绘画与手工	造型创作、色彩的基础知识等	每周 3 节	吴
	运动与保健	课间操、热身活动、运动常规、体能等	每周 3 节	李
	信息技术	了解身边的信息技术——平板电脑	每周 1 节	梁
团体教学	大课间	听指令、模仿动作	每周 5 节	谭，张
	康复小组：戏剧治疗	学习各种表演技巧，进行故事的表演	每周 4 节	王
	课后训练：足球训练	发展动作优势，开发足球方面的潜能	每周 1 节	周
个别教学	语言康复个训	重点是词汇和疑问句的理解以及句子的主动运用	每周 2 节	董

二、家长研判会议

（一）家长研判会议目的

家长在学生的个别化教育中担任重要的角色。家庭是一个儿童最早的教育环境，家庭文化经济条件、家长的教养方式、对儿童发展的期望等都是个别化教育必须考虑的因素。个别化教育的实施过程，只有得到家长的积极参与、配合和支持，才能使个别化教育的成效最大化。因此，只有家校合力，学生的教育才能取得良好的效果。

启慧学校重视家校合作，在学生个别化教育中每学期、每学年、每三年均召开不同要求的家长研判会议，共同探讨学生在校学习、康复计划，明确学生长期发展方向，以提升学生个人生活品质为最终目标开展持续的学校教育和家庭教育。此外，启慧学校长期开展家长培训，从特殊儿童的养育手法、家长压力的排遣、家校合作的机制方面提升家长的专业素养。

（二）家长研判会议内容

家长研判会议一般由班主任主持，依据学生所处阶段及个别化教育计划期限召开不同要求的会议。与此同时，要注意在家长研判会议的过程中，需通过尊重家长意见、增加家长发言机会、利用家庭资源等方式充分调动家长参与制订个别化教育计划的积极性，才能最大限度地保证个别化教育的有效实施。

每三年（即新生入学、升年段时）召开一次时长为 120 ~ 150 分钟的家长综合研判会议，具体内容包括：介绍学生基本情况、教育诊断评量结果、课程评估结果，教师可就一些未掌握清楚的基本资料向家长提问，家长可就有疑问的评估结果向教师提问；结合评估结果及学生日常表现，教师和家长共同探讨建议和策略；教师和家长结合学生需求、现状能力和家庭资源等因素共同制订三年规划，明确学生未来三年的发展方向；介绍教育安置，同时结合家长期望进行调整；介绍下学年 IEP 目标，同时结合家长意见进行修改；等等。会议结束后，负责人需整理会议内容并形成《综合研判报告》，由家长及各相关教师签名确认。

每学年召开一次时长为 60 分钟的家长研判会议，具体内容包括：汇报学生本学年的 IEP 完成情况，让家长了解学生在校表现；介绍新一轮课程评估结果；介绍下学年 IEP 目标，并结合家长意见修订；等等。

虽然广州市天河区启慧学校个别化教育计划的期限一般为一学年，但每学期结束后，也会召开一次时长为 30 分钟的家长研判会议，作为个别化教育计划的中期汇报。具体内容包括：汇报学生 IEP 目标期末检核结果，作为修订 IEP 目标的依据；介绍 IEP 长期目标修订情况及短期目标制订情况，并依据家长意见进行调整；等等。

表 4–8 启慧学校家长研判会议开展情况

时间	会议形式	会议时长	主要内容
每学期	一对一家长研判会议	30 分钟	学期 IEP 完成报告、IEP 长期目标的修订等
每学年	一对一家长研判会议	60 分钟	学年 IEP 完成报告、评估结果、新修订 IEP 等
每三年	一对一家长综合研判会议	120 ~ 150 分钟	学生基本情况更新、评估结果、教育安置表、新修订 IEP 等

第五节 推进步骤之拟订

个别化教育的拟订由跨专业教师团队、家长、学生共同参与。教师团队根据教育诊断、课程评估分析的结果，依据学生目前的能力起点，结合学生的生活需求、优弱势、能力发展顺序、下学年的时间和资源等因素拟出初稿，家长研判会议时与家长一同研讨、修改、完善《学生 IEP 长短目标表》，形成定稿，参会人员签字确认，形成具有指导和监督作用的文件。学生 IEP 目标的拟订为后期教学计划制订、教学活动的设计实施提供各种教学服务，组建支持系统，成为个别化教育实施阶段的教育教学重要依据。

一、长期目标

（一）长期目标的概述

在广州市天河区启慧学校的《学生 IEP 长短目标表》中，长期目标是较为概括、抽象、有指示性的，是指希望学生在未来一学年内能够完成的目标，是根据教育诊断和课程评估结果，经过研讨确定的学生各领域（学科）的“教育重点”。

（二）长期目标拟订的依据

选择长期目标时，应该结合学生能力及学生需要两大方面进行考虑。“学生能力”主要指的是学生未来的发展趋势，能够依评估结果得知，因此需通过精准的课程本位评估找到学生的学习起点，作为拟订目标的直接依据。“学生需要”指的是要在学生能力范围内找到最具实用性、功能性的目标，可以从学生生活环境所需展开考虑，因此需做好学生资料收集并进行生态环境分析，召开家长研判会议明确家长期望，作为拟订目标的间接依据。

在选择长期目标的过程中，还可进行以下考虑：

（1）依发展序列性进行考虑，遵循学科知识体系进行选择。如生活数学学科与运算相关的目标必然是以所对应数的认识为前提的，选择目标“会10以内的加法运算”是建立在已通过“理解10以内数的含义”这一目标的基础上的。

（2）从同学科不同领域中或从不同学科中选择一些相互关联、互相促进的目标。如生活语文学科在“阅读”领域选择了“能正确朗读一段话”的目标，那么在“写话与习作”领域可选择“能仿写一段话”的目标；在生活语文学科选择了“使用通信工具与他人沟通”的目标，那么在信息技术学科可考虑选择“会使用手机接收和发送信息”的目标。

（3）参照同班同学的目标。在符合该生学习起点的前提下，如果同一班级内很多同学都选择了某一目标，那么该生也可选择这一目标，以方便教师开展班级集体教学。

（三）长期目标的叙写

长期目标由一个动词加表示所学内容的名词或词组组成。长期目标所表示的是未来一学年发展的一个重点、方向，因此叙写长期目标时采用的措辞往往较为笼统，并带有发展、期望的意义，如动词可使用“提高”“提升”“加强”等词。

具体的例子如下：

（1）加强使用家用电器的能力。

（2）提高使用通信工具与他人沟通的能力。

二、短期目标

（一）短期目标的概述

短期目标是达成长期目标具体化、细致化的内容，是完成长期目标的保障。在广州市天河区启慧学校的《学生IEP长短目标表》中，短期目标一般是指一学期内完成的目标。

（二）短期目标拟订的依据

长期目标和短期目标之间彼此有逻辑关联性，依次达成短期目标，才能最终达成长期目标，因此，短期目标的确定需要以长期目标为导引，并考虑长期目标所涉及的内容、成分、梯度等因素。

（三）短期目标的叙写

短期目标需遵循“可观察、可操作、可评量”原则进行叙写，应该采用具体的动作描述词，如“说出”“写出”“指出”等，且最好只含一个学习结果，避免增加评量的困难，如目标以“能认读、书写 20 以内的数字”这种叙写方式出现，而评量时学生能认读却不会书写，则难以判定这个目标是否达成了。此外，叙写短期目标时尽可能进行量化，如“读出汉字 15 个”“说出 4 种食物名称”，但不要写出具体的教材、教具，以免限制教学的选择。

具体的例子如下：

（1）能够指认 3 种立体图形。

（2）能够说出 4 种打击类乐器的名称。

而在把长期目标叙写成短期目标时，一方面，要把握好一条长期目标之下，不同短期目标之间应该是平行关系；另一方面，要对学生的能力有所预估，把握好一个学期内能完成目标的数量。

（1）举例一：

长期目标：提高使用通信工具与他人沟通的能力。

短期目标：会使用电话与他人说日常生活信息 2 项。

会使用微信语音与他人说日常生活信息 2 项。

会使用 QQ 语音与他人说日常生活信息 2 项。

（2）举例二：

长期目标：提高用词语表达的能力。

短期目标：能说出量词 4 个。

能说出形容词 8 个。

表 4-9　个别化教育计划示例——《刘某 2019—2020 学年第一学期 IEP 长短目标表》

制订日期：2019 年 7 月　实施时间：2019 年 9 月　检核时间：2020 年 1 月

负责人：各科任老师

科目	领域	长期目标	短期目标	通过标准
生活适应	个人卫生	提高洗手、洗脸、刷牙的能力	能按步骤洗脸	10 次成功 8 次
			能按步骤刷牙	10 次成功 8 次
		提高及时表达大小便意愿、正确处理如厕事项的能力	能往水槽里甩手，再用纸擦干水或使用干手机	10 次成功 8 次
			能在厕所里整理好服装再开门	10 次成功 8 次
	个人着装	增进对常见衣物的认识	看到衣物时，能说出衣物的名称（4 种）	10 次成功 8 次
	家庭责任	认识人民币，建立初步的健康消费意识	能用对应的钱来购物	10 次成功 8 次
	居家安全	提高知道自己的居住地址、电话及周边环境的能力	能说出自己的居住地址、家长的号码	10 次成功 8 次
劳动技能	清洁整理	提高用简单的方式整理自己的床上用品的能力	能将被子折成方形，并将枕头放在指定的地方	10 次成功 8 次
	厨房劳动	提高清洗少数几样常见的蔬菜和水果的能力	能够用水冲手搓洗 2 种水果和 2 种蔬菜	10 次成功 8 次
	校内劳动	提高以简易的固定方式打扫教室的能力	能用扫把和垃圾铲将教室清扫干净	10 次成功 8 次
	手工劳动	提高以简易的固定方式做简单手工劳动的能力	能按照要求用 3 种以上动作做多个步骤的手工作品	10 次成功 8 次

续上表

科目	领域	长期目标	短期目标	通过标准
运动与保健	运动参与	提高主动遵守课堂常规、参与体育活动的能力	能主动参与2项课前准备活动，如做热身操、慢跑	10次成功8次
	运动技能	提高参与体育游戏的积极性	能够主动参与1项体育游戏，如垒球游戏	10次成功8次
	身体健康	提升在几种特定的情境下，保持正确身体姿态的能力	在排队时，能够双脚并拢、双手自然垂下、腰挺直、眼睛直视前方	10次成功8次
	心理健康	在喜欢的体育活动中，与人友好相处，建立初步的合作意识	能在垒球活动中，完成2项需与他人配合的活动，如垒球接力跑、双人抛接球	10次成功8次
绘画与手工	设计与应用	提高以描画、涂色、拼图等方法进行简单的组合和装饰练习的能力	能在一个画面中，运用至少2种材料进行造型创作	10次成功8次
	欣赏与评述	提高通过观察绘画作品，表达自己的感受的能力	能在观赏常见的绘画作品后，用两句话表达自己的感受	10次成功7次
唱游与律动	感受与欣赏	提高听到常听的音乐能用动作、手势或声音做出反应的能力	能在听到本学期学过的音乐时跟随集体或老师做出一首音乐的代表性动作或两首音乐的4个代表性动作	5次成功4次
	演唱	提高完整演唱简单儿歌的能力	能完整演唱2首本学期学习的儿歌	5次成功4次
	音乐游戏	提高在音乐游戏中对各种声音做出反应的能力	能在音乐游戏中做出敲门、开门、打招呼的反应	5次成功4次

续上表

科目	领域	长期目标	短期目标	通过标准
生活语文	倾听与说话	提高听懂常用的词语，并做出适当回应的能力	听到短语时，能把形容词加名词的短语相应的图片指出来（15 个）	10 次成功 8 次
		提高听懂简单的句子，并做出适当回应的能力	听到并列关联词的句子，能做出适当回应（4 个）	10 次成功 8 次
		提高用简短的语言表达个人基本需求的能力	能用主谓宾的句式说出自己的基本需求（5 种）	10 次成功 8 次
	识字与写字	提高认读生活中常用汉字的能力，用来解决日常学校、家庭生活的问题	看到文字，能读出生活中常用汉字 15 个	10 次成功 8 次
		提高用铅笔描写或抄写生活中常用汉字的能力	能用铅笔抄写生活中常用汉字 15 个	10 次成功 8 次
	阅读	提高用普通话朗读特定简单句或跟着集体朗读的能力	能用普通话朗读 20 字以内的句子	10 次成功 8 次
生活数学	数的运算	借助实际情境和操作，加强对“加”和“减”实际意义的理解	在听到“加”或者“减”的时候能够做出对应的增加或减少物品的动作	10 次成功 8 次
	金钱概念	提高在现实情境中认识元及进行换算的能力	会用 1 元分别表示 5 元和 10 元	10 次成功 8 次
	常见的量	提高区分物品多少的能力	能说出三堆差异明显的物体的多少	10 次成功 8 次
	图形与几何	提高在身体动作操作感知或视觉提示下，辨别上、下、前、后的能力	能以视线范围内指定的完整参照物，指出其上面和下面	10 次成功 8 次

续上表

科目	领域	长期目标	短期目标	通过标准
信息技术	身边的信息技术	了解平板电脑的构成及用途	能区分平板电脑的三个功能键	5次成功4次

第六节 推进步骤之实施

“实施”既是个别化教育推进中最为关键的实战性步骤，也是将个别化教育计划从“设想”转换成“现实”、让个别化教育目标真正转化成学生所掌握的能力的重要过程。个别化教育在国内已经推行了20余年，虽然国内个别化教育理念的宣传和理论性的策略研究已取得大量的研究成果，但关于特殊学校中教师如何实施个别化教育的研究进展缓慢。辛伟豪的调查研究指出，教师在使用IEP时的主要困难有：相关专业人员参与少，教师工作繁重；IEP格式内容烦琐，学年间缺乏连贯性；教学时间不足，预定目标与实际教学不符。① 由此可见，如何将个别化教育计划落实到教师日常的教育教学中，既不增加教师工作量，又能指导教师以学生的个别化教育目标为纲开展教学成了特殊教育学校必须面对的难题。个别化教育计划不应该沦为冷冰冰的档案而无人翻阅、无处执行，启慧学校通过“综合—分配—统整”的方法成功破解了个别化教育计划与教师教育教学之间的壁垒，并综合集体教学、康复小组、康复个训等课堂教学组织形式，使得个别化教育真正成为学校教育的核心。

一、班级集体教学

班级集体教学是广州市天河区启慧学校个别化教育实施阶段采用的最主要的课堂教学组织形式。教师如何实现个别化教育计划与课堂教学的对接、

① 辛伟豪，曹漱芹．培智学校个别化教育计划：制定、实施及困难——基于对杭州市部分培智学校的调查［J］．中国特殊教育，2016（4）：18-26.

如何把学生个人的个别化教育计划一步步落实到班级集体课堂教学中、如何以学生的个别化教育目标为导引开展高效有序的教学活动，是广州市天河区启慧学校在进行集体教学的过程中必须解决的难题。鉴于此，广州市天河区启慧学校采用了“主题整合”的个别化教育的教学模式，通过“综合—分配—统整”的个别化教育计划实施方法，成功破解了集体教学中的种种难题。

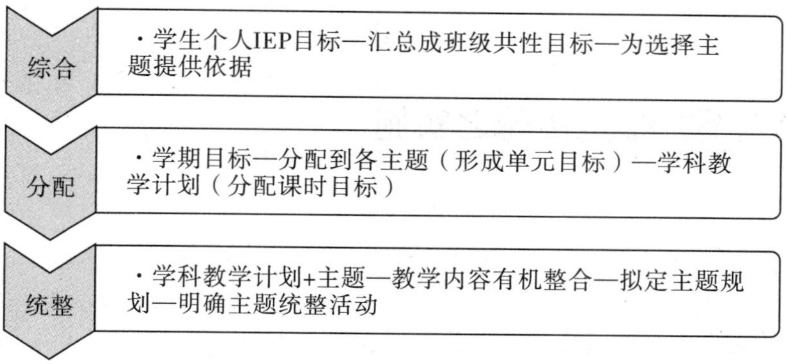

图 4–2　个别化教育计划实施方法

（一）综合

“综合”是指将学生个人的个别化教育计划汇总综合成班级的个别化教育计划，按照课程领域排列班级学生的个别化教育计划。教师将学生个人的个别化教育计划的目标以学科为单位综合为班级学科共性目标，并形成文案资料《IEP 目标汇总表》，直接与班级集体教学相结合，为拟订学科教学计划提供依据，为教师在集体教学中开展个别化教育提供了目标导向和指导。

表 4–10　个别化教育计划示例——《IEP 目标汇总表》

三年级 1 班各学科 2019—2020 学年第一学期班级目标汇总

负责人：各科任课老师

科目	领域	长期目标	短期目标	通过标准	学生姓名
生活适应	饮食习惯	认识常见的餐具，并能整理	能拿出自己的勺子和围裙，用自己的勺子吃饭，把餐盒盖盖好，并放到指定地方	10 次成功 8 次	潘、汪、石

续上表

科目	领域	长期目标	短期目标	通过标准	学生姓名
生活适应	饮食习惯	初步养成良好的进餐习惯	在进餐时，掉外面的饭粒少于一勺子，把不吃的食物放到餐盖上	10次成功8次	石、沈
	个人卫生	能洗手、洗脸、刷牙	能按步骤洗手、洗脸、刷牙	10次成功8次	刘、沈、汪、何、琛
			能拿出自己的洗漱用具，配合洗漱		石、潘
		及时表达大小便意愿，正确处理如厕事项	能往水槽里甩手，再用纸擦干水或使用干手机；在厕所里整理好服装再开门	10次成功8次	刘、沈、汪、何、琛
			能用简单词语、手势动作表达大小便的意愿		沈、石
	个人着装	认识常见的衣物	看到衣物时，能说出衣物的名称（4种），在一堆衣物中，拿出相应的衣物（4种）	10次成功8次	刘、沈、汪、何、琛、石
		能穿脱简便的衣服、鞋袜	能找到衣服的正面并穿好	10次成功8次	沈、何
	家庭责任	认识人民币，建立初步的健康消费意识	能用对应的钱来购买或交换物	10次成功8次	刘、沈、汪、何、琛
	居家安全	知道自己的居住地址、电话及周边环境	能说出或找出自己的居住地址、家长的号码	10次成功8次	刘、沈、汪、何、琛

续上表

科目	领域	长期目标	短期目标	通过标准	学生姓名
劳动技能	清洁整理	能用简单的方式整理自己的床上用品（如被子铺平）	能将被子铺平、对折或折成方形，并将枕头放在指定的地方	10 次成功 8 次	何、沈、琛、汪、刘
	厨房劳动	能够清洗少数几样常见的蔬菜和水果	能够用水冲手搓洗 1 种水果和 1 种蔬菜或以上	10 次成功 8 次	刘、沈、汪、何、琛
	校内劳动	能以简易的固定方式打扫教室（如捡大垃圾）	能将教室$\frac{1}{5}$平方米大的地方清扫干净	10 次成功 8 次	沈、汪、刘
	手工劳动	能以简易的固定方式做简单手工劳动（如简单图案的钻石画）	能按照要求做指定步骤的手工作品	10 次成功 8 次	汪、刘、琛、石、何、沈
运动与保健	运动参与	能跟随每节课的例行活动	能配合老师做热身操、慢跑活动	10 次成功 8 次	琛、沈、汪、石、潘
	运动技能	能模仿少量的身体活动，参与特定几项体育游戏	能够模仿抛接球、跑垒等动作，参与垒球游戏	10 次成功 8 次	琛、沈、汪、石、潘
	身体健康	在几种特定的情境下，能保持正确的身体姿态（比如在指导后能保持正确的坐姿、站姿等）	在排队时，能够双脚并拢，双手自然垂下，腰挺直，眼睛直视前方	10 次成功 8 次	刘、何、琛、沈、汪、石、潘
	心理健康	愿意参加喜欢的体育活动	愿意参加垒球抛接球、跑垒活动	10 次成功 8 次	琛、沈、汪、石、潘

续上表

科目	领域	长期目标	短期目标	通过标准	学生姓名
绘画与手工	造型与表现	能尝试用点、线、图形和色彩进行涂画活动，初步学会涂色	在指定范围内涂鸦	10次成功7次	沈、何、汪
		会双手取放、按压物品等基本动作，促进手眼协调	能连续按压轻黏土2次	10次成功7次	潘、石
	设计与应用	观察、触摸身边常见的简单物品，初步了解其形状、颜色、大小与用途	能辨别5种基本图形	10次成功7次	汪、沈、琛、何
唱游与律动	感受与欣赏	听到常听的音乐能用动作或手势或声音做出反应	能在听到本学期学过的音乐时跟随集体或老师做出一首音乐的代表性动作或两首音乐的几个代表性动作	5次成功4次	琛、刘、沈、潘、石
	音乐游戏	在音乐游戏中能对各种声音做出反应（如举一下、发一个声音、移动一下位置）	能在音乐游戏中做出敲门、开门、打招呼的反应	5次成功4次	刘、琛
	演唱	能完整演唱2～3首简单儿歌	能完整演唱2首本学期学习的儿歌或者哼唱本学期学过歌曲的每句最后一字	至少2首	琛、刘、何、汪
	律动	能在一两个固定节奏型里模仿做出日常生活常见的两三个特定动作	能在一个节奏型里模仿动作	5次成功4次	何、汪、琛、石

续上表

科目	领域	长期目标	短期目标	通过标准	学生姓名
生活语文	倾听与说话	能在别人对自己讲话时注意倾听	能在别人叫自己名字时，看向对方	10 次成功 8 次	琛、石、潘
		能听懂常用的词语，并做出适当回应	听到短语时，能把相应的图片指出来（15 个）	10 次成功 8 次	琛、刘、汪、沈、何、石
		能听懂简单的句子，并做出适当回应	听到句子，能做出适当回应（4 个）	10 次成功 8 次	琛、刘、汪、沈、何、石
		能用简短的语言表达个人基本需求	能用主谓宾的句式说出自己的基本需求（5 种）	10 次成功 8 次	刘、沈、汪、何、琛
	识字与写字	能认读生活中常用汉字 10～50 个（例如：姓名、校名等）用来解决日常学校、家庭生活的问题	看到文字，能读出生活中常用汉字	10 次成功 8 次	刘、沈、汪、何、琛
		能用铅笔描写或抄写生活中常用汉字（例如：上课时的生字、每天的课表、简单的食物名）	能用铅笔抄写或描写生活中常用汉字	10 次成功 8 次	刘、汪、何、沈
	阅读	能用普通话朗读特定简单句或跟着集体朗读	能用普通话朗读句子	10 次成功 8 次	刘、沈、汪、何、琛

续上表

科目	领域	长期目标	短期目标	通过标准	学生姓名
生活数学	数的运算	借助实际情境和操作，理解“加”和“减”的实际意义	在听到“加”或者“减”的时候能够做出对应的增加或减少物品的动作	10次成功8次	沈、何、刘
			能说出实际情景中是“加”或“减”	10次成功8次	琛、汪
	金钱概念	在现实情境中，认识元（1元、5元、10元），会进行换算	会用1元表示5元、10元	10次成功8次	沈、何、刘、汪
		运用所学知识，经历人民币购物过程，尝试付款	购物时，会用人民币交换，或给他人，或付款	10次成功8次	石、潘、琛
	常见的量	能比较两个物体，区分差异性特别明显的多少	能说出两三堆差异明显的物体的多少	10次成功8次	沈、何、刘
	图形与几何	能在身体动作操作感知或视觉提示下，辨别上、下、前、后	能跟随上、下的指令，模仿用身体动作来表示上、下（如手举起来、手放下来），或指出以自己为中心的上面、下面，或以视线范围内指定的完整参照物，指出其上面和下面	10次成功8次	石、何、沈、刘
		能在生活情景中，辨别上、下、前、后	能以视线范围内指定的完整参照物，指出其上面和下面，并能够转换参照物（如：A在B的上面，B在A的下面）	10次成功8次	汪、琛

续上表

科目	领域	长期目标	短期目标	通过标准	学生姓名
信息技术	身边的信息技术	了解平板电脑的构成及用途	能区分平板电脑的三个功能键	5 次完成 4 次	刘、汪
		掌握平板电脑的基本操作	能在平板电脑上完成拖动、点击动作	5 次完成 4 次	琛、沈、何、潘、石

（二）分配

“分配”是指通过教学计划的制订将综合起来的班级个别化教育计划一步一步分配到学期课程教学、月课程教学、周课程教学和学校一日生活中，最终落实到每一节课的教学设计中，将 IEP 实施精准分配，确保教育教学以 IEP 为纲。具体操作是根据班级学期目标，将学期目标分配到各个主题中，然后根据学期目标与主题，以学科为单位拟订学期教学计划，选择教学内容和教学资源，并形成文案资料《IEP 目标分配与教学计划表》，将 IEP 目标落实到课堂教学中。

表 4-11　个别化教育计划示例——《IEP 目标分配与教学计划表》

2019—2020 学年第一学期三年级 1 班生活适应教学计划

时间	主题	目标（单元一周目标）	课题	课题目标内容（周一课时目标）
2019 年 9 月—12 月	一日常规	饮食习惯——养成良好的饮食习惯	午餐	能拿出自己的勺子和围裙； 能把不吃的食物放到餐盖上，把餐盒盖盖好，并放到指定地方； 能在进餐时用勺子吃饭（不用手抓饭菜）； 在进餐时，掉到外面的饭粒少于一勺子

续上表

时间	主题	目标（单元—周目标）	课题	课题目标内容（周—课时目标）
2019年9月—12月	一日常规	个人卫生——及时表达大小便意愿，正确处理如厕事项	如厕	能往水槽里甩手，再用纸擦干水或使用干手机； 如厕结束后，能做出提裤子的动作； 能在厕所里整理好服装再开门； 能用简单词语表达大小便的意愿； 能用手势动作表达大小便的意愿
9月	我的家	居家安全——能说出或找出自己的居住地址、家长的电话号码	做听话的孩子	了解并遵守家庭常规； 尊敬家人，能配合家人完成力所能及的家务劳动 做家庭作业时能用正确的姿势坐、立、行走和读写
			家庭和家人	知道自己的家庭住址； 知道自己的家长姓名； 知道自己家长的电话号码
			家和学校	会从书包中找出自己的家庭信息图卡（居住地址、家长的电话号码）； 会读出家庭信息图卡的内容
10月	自己的事情自己做	个人卫生——能按步骤洗脸	我会洗脸	知道洗脸的时间； 知道洗脸的意义； 学习洗脸的技能
		个人卫生——能按步骤刷牙	我会刷牙	知道刷牙的时间； 知道刷牙的意义； 学习刷牙的技能

续上表

时间	主题	目标（单元—周目标）	课题	课题目标内容（周—课时目标）
11月	快乐的运动会	个人着装——看到衣物时，能说出衣物的名称（4种）；能找到衣服的正面并穿好衣服	衣柜里的衣服	配对衣物—跟读衣物名称—听到衣服名称能拿出来—看到衣服能说出衣服名称； 知道根据天气的变化选择秋天的衣物； 知道根据场合选择适合运动会穿着的衣物
			我会穿衣服	能找到衣服的正面； 能按步骤穿好衣服
		个人卫生——在厕所里整理好服装再开门	我会整理衣服	能在如厕后在厕所里整理好服装再开门； 能在运动后整理好服装
12月	亲子派对	居家安全——能说出或找出自己的居住地址、家长的号码	我的家在这里（复习）	会从书包中找出自己的家庭信息图卡（居住地址、家长的号码）； 会读出家庭信息图卡的内容
			我和我的家人	认识家庭成员，能正确使用称谓称呼自己的家人； 懂得尊敬、关心长辈； 知道爸爸、妈妈的职业； 理解爸爸、妈妈工作的艰辛，学会关心爸爸、妈妈
		家庭责任——认识人民币，建立初步的消费意识	我和家人一起买买买	能用对应的钱来购买物品

（三）统整

在“主题整合”的个别化教育的教学模式下，教师根据各学科教学计划，结合月主题，将教学内容进行有机整合，拟定主题规划，明确主题统整活动，并形成文案资料《主题规划表》，实现学生所学知识、技能在生活中的实践和应用。主题统整是个别化教育计划与生活建立紧密联系的最直接最有效的方式。

表 4–12　个别化教育计划示例——《主题规划表》

2019—2020 学年第一学期三年级 1 班主题规划表

项目		主题与时间			
		2019 年 9 月 主题：我的家	2019 年 10 月 主题：我是清洁小能手	2019 年 11 月 主题：运动会	2019 年 12 月 主题：迎新年亲子派对
学科与主题内容整合、资源整合、提供支持	生活适应	我的家（我和家人，家和学校）	自己的事情自己做（我会洗脸、刷牙）	快乐的运动会（我会选合适衣服参加运动会）	我的家（我的衣服，我的家）
	劳动技能	我的家（我的家可真干净）	自己的事情自己做（我会叠被子）	快乐的运动会（做水果餐、做海报）	我的家（我帮家人洗水果）
	生活语文	我的家（我的家人，我爱我家）	我最干净（我会刷牙，我会整理）	运动会（我要参加运动会，我是运动员）	我的衣柜（我的衣柜，我会帮忙）
	生活数学	我家玩具多（钓鱼玩具，洋娃娃，好玩的积木）	比一比（开火车，捞小鱼）	运动会的项目（入场式，能量补给站）	亲子派对（我的全家，购买亲子物品）
	唱游与律动	我的家	我的身体	一起来运动	快乐过新年
	绘画与手工	我的家	自己的事情自己做	快乐运动会	我的家
	运动与保健	我的家	自己的事情自己做	快乐运动会	我的家
	信息技术	身边的信息技术	快乐的秋天	时尚模特儿	网络连连看

续上表

项目	主题与时间			
	2019 年 9 月 主题：我的家	2019 年 10 月 主题：我是清洁小能手	2019 年 11 月 主题：运动会	2019 年 12 月 主题：迎新年亲子派对
统整活动（时间、大概安排）	同学来我家做客，9 月 30 日	小能手比赛，10 月底	运动会，11 月底	迎新亲子晚会，12 月 30 日

二、康复小组教学

为充分挖掘学生潜能、满足学生康复需求、培养学生兴趣爱好、促进学生个性发展、发挥教师专长、丰富学校办学特色，广州市天河区启慧学校教师依据自身专业背景、培训经历、个人特长等自组团队，在每周二、四下午开设康复小组课程，包括作业治疗、户外运动、体感律动、动作康复、绘本游戏、信息技术、西点烘焙、中餐烹饪、游戏阅读、思维启蒙、艺术治疗、书画治疗、戏剧治疗、音乐治疗等，并以跨年级、班级的走班制形式实施教学。

每学年初，由广州市天河区启慧学校的教导处负责统筹组织康复小组的分组工作。教师自行组建团队开设课程，并在在线表单填写课程简介、教学重点、适合对象等信息。康复小组课程大多以协同教学、小组合作等组织形式进行教学，教导处为保证各康复小组教学的顺利开展，严格按“1∶2”的师生比要求确定各康复小组的师生名单，其中生活老师不负责教学，仅辅助纪律维持、场室保洁等。班主任依据评估结果及日常观察，分析出班上每位学生的潜能、康复需求及兴趣爱好，结合家长期望和学生个人意愿，为学生选报合适的课程。表 4-13 为广州市天河区启慧学校 2021—2022 学年第一学期康复小组课程的开展情况。

表 4–13　启慧学校 2021—2022 学年第一学期康复小组课程的开展情况

课程名称	课程简介及适合对象	教师团队	学生人数
作业治疗	通过课程，学生能收获： ◆ 改善上肢功能、精细运动能力、触觉、感知觉 ◆ 提高书写能力及认知能力 ◆ 提升生活自理水平 ◆ 减轻因疾病或损伤所致的功能障碍 适合对象：手部精细动作待发展的学生	宋吉美、李雅君、张梦雅、李平	9 人
户外运动	通过体育器械和体育游戏，学生能收获： ◆ 提高运动技能和身体素质，增强体魄 ◆ 增进社会交往能力 ◆ 愉悦身心 适合对象：低、中、高年段学生	周志强、陈娟娟、梁淑贤、董文平	10 人
体感律动	借助律动、器械、电子体感设备，学生能收获： ◆ 掌握运动基础技能，运动能力发展与功能改善 ◆ 激发参与活动动机与兴趣 ◆ 提升身体感知、动作模仿、控制及协调能力 ◆ 发展体能，拓展兴趣爱好 适合对象：中、高年段学生	徐雯雯、梁伟锋、范家玲、赵嘉亮	11 人
动作康复	通过课程，学生能收获： ◆ 增强爬行、跪走的能力 ◆ 增强骨盆控制能力 ◆ 增强下肢肌肉耐力 ◆ 降低或提高肌张力 ◆ 增强参与团体活动的能力 适合对象：低年段学生	胡继南、廖熊韵、吴双珠、蔡依秀	8 人

续上表

课程名称	课程简介及适合对象	教师团队	学生人数
绘本游戏	以绘本、音乐为主要媒介，学生能收获： ◆ 加深对绘本的理解 ◆ 提高同伴互动、语言表达、肢体表达、情绪表达能力 ◆ 启发学生想象力 ◆ 增强自我决策意识 适合对象：低、中年段学生	叶叶秀、宋佳丽、徐斯嘉、朱淑贞	10 人
信息技术	课程特色： ◆ 将人脸识别、人体识别、图片识别、语音识别、AR /VR 技术引入课堂 ◆ 从教学情境的创设、教学内容形象化、沟通对话、交互体验、教学反馈等方面营造智能教育场景 ◆ 提升学习动机、交互体验 ◆ 促进学生与时代、社会的理解与融合 适合对象：中、高年段学生	周静、李伟、吴玉、陈锦凤	10 人
西点烘焙	通过课程，学生能收获： ◆ 掌握制作蛋糕、饼干等西点的技能 ◆ 体验动手操作、小组合作的快乐 ◆ 形成热爱劳动的意识 ◆ 为衔接职业教育奠定基础 适合对象：中、高年段学生	苏倩欣、简杰辉、潘燕仪、李韦香	10 人
中式烹饪	通过课程，学生能收获： ◆ 掌握购物（线上、线下）、烹饪（蒸、煮、炒）和清洁整理能力 ◆ 提升家务劳动和社会参与能力 ◆ 培养学以致用、服务生活、尽可能独立生活能力 适合对象：中、高年段学生	陈均丽、赖瑞娟、陈艳丹、黄嘉琪	10 人

续上表

课程名称	课程简介及适合对象	教师团队	学生人数
游戏阅读	◆ 以中国传统文化故事为载体，将“认字、学词、读文、讲故事”等融进游戏 ◆ 鼓励创造性的表达（能力支持） ◆ 注重阅读策略和经验的迁移 ◆ 提高阅读兴趣和学习主动性 适合对象：中、高年段学生	邹秋莲、杨哲、吴舒婷、李洁	9人
思维启蒙	◆ 借助逻辑教学教具、训练题册、安静书等，以闯关游戏的形式开展教学 ◆ 提升逻辑推理、形色空间、类别区辨、数量估算等能力 ◆ 在玩中思考，在思考中提升 ◆ 养成良好的思维习惯 适合对象：低、中年段学生	王偶偶、韩爱菊、肖悦、何思锐	9人
艺术治疗	◆ 运用黏土、颜料、花材等综合媒材设计综合美术活动 ◆ 借用艺术媒介表达学生心理世界 ◆ 注重艺术创作 ◆ 发展动手能力、艺术兴趣、艺术感知 ◆ 释放天性、转化负面情绪、提高社交互动能力 适合对象：低、中、高年段学生	林淑芷、李淑贤、赵甜甜、王晨瑜	10人
书画治疗	◆ 运用传统媒材进行中国传统艺术活动 ◆ 了解书法、国画等传统文化及各种绘画媒材的特点 ◆ 以书法治疗理念为基础，创设传统艺术氛围 ◆ 提高动手能力，发展精细动作水平，培养艺术兴趣和艺术欣赏能力 ◆ 身心疗育和舒缓情绪 适合对象：低、中、高年段学生	陆春晓、吴日滔、黄琳婷、张燕	10人

续上表

课程名称	课程简介及适合对象	教师团队	学生人数
戏剧治疗	◆ 使用彩布、小乐器、人物面具、戏服等多样化媒材 ◆ 锻炼感知觉和情绪的觉察能力 ◆ 提升用语言、动作表达真实自我和体会不同情绪的能力 ◆ 在社会游戏和故事讲述的基础上综合运用剧场、音乐剧、哑剧等剧场技巧 适合对象：低、中、高年段学生	王小莉、陈晖、郭敏、曾洁欣	9人
音乐治疗	通过对比鲜明的音乐律动，学生能收获： ◆ 聆听、感受音乐变化的能力 ◆ 以身体响应速度、节奏、力度等的变化 ◆ 通过触碰、模仿与他人共舞，促进动作协调性 ◆ 统合视觉、听觉、触觉及身体本体觉的感官体验 适合对象：低、中、高年段学生	谭莎、叶永巧、林丽萍、陈思思	10人

三、康复个别训练

广州市天河区启慧学校学生的个体间差异及个体内差异显著，学生在动作、感知觉、沟通与交往、情绪与行为等方面存在着不同的康复需求，集体、小组的教学不能完全满足所有学生的需要。为补偿学生身心缺陷、改善学生功能障碍、提升学生适应日常生活和学习的能力，广州市天河区启慧学校遵循“教育与康复相结合”的原则，设置了四大类型的康复个训课程，包括自闭症康复训练、动作康复训练、语言康复训练及沙盘治疗。每学年初，由学校教导处统筹组织康复个训的开展工作，班主任结合评估及日常观察的结果，分析本班学生学习与发展的需求，并为有相关需要的学生申报康复个训。各康复训练教师团队通过进班观察、教师访谈等方式进行摸查，在教导处的指导下，依据学生需求及教师资源确认最终名单。

（一）自闭症康复训练

自闭症康复训练主要为因社交沟通障碍、局限性重复刻板行为等所致出现集体课堂参与度低、学习进度慢、干扰课堂行为频繁等问题的自闭症学生服务。自闭症康复训练教师团队由曾参加自闭症教育康复相关系统培训的教师组成，目前主要服务形式为一对一教学及入班支持。一对一教学是指教师在接到个案后会采用香港协康会修订的《自闭症儿童心理教育评核》（PEP-3）、北京师范大学孤独症儿童教育研究中心研发的《学龄孤独症儿童教育评估系统》等评估工具进行教育评估，制订康复训练课的个别化教育计划，使用回合式教学（DTT）、关键反应训练（PRT）、语言行为方法（VB）、结构化教学（TEACCH）、社交故事法等实证方法实施干预训练。入班支持主要面向部分有严重行为问题的学生，教师在接到个案后会入班观察并进行功能评估，基于积极行为支持的理论，以减少行为问题、增加正向行为为目的，拟订并实施积极行为支持计划。

（二）动作康复训练

动作康复训练主要为粗大动作、精细动作功能受限的学生服务。动作康复教师团队由拥有康复治疗学、运动康复等专业背景及相关培训经历的教师组成，为学生提供一对一的康复训练。现阶段广州市天河区启慧学校开展的动作康复训练主要包括三种形式。其一是主要面向脑瘫学生而设的动作康复训练，采用《改良 Ashworth 痉挛分级标准》《MRC 肌力分级法》《脑瘫儿童日常生活自理评估量表》等评估工具实施评估，以改善动作功能障碍及提升姿势控制、移动、平衡和协调能力为主要目的，制订并实施动作康复训练课程的个别化教育计划。其二是主要面向上肢及手功能受限的学生而设的作业治疗，采用《Carroll 手功能评估量表》进行评估，制订并实施作业治疗康复训练课程的个别化教育计划，以达到改善手部动作功能障碍、提升手眼协调和使用工具的能力，满足日常生活自理需求的目的。其三是面向智力障碍并伴有情绪行为问题的学生而设的知动训练，采用《神经平衡疗法评估表》进行评估，制订并实施相关个别化教育计划，帮助其建立能够适应学习的稳定行为。

（三）语言康复训练

语言康复训练主要为沟通与交往功能受限的学生服务，以一对一的康复训练为主、小组训练为辅。语言康复训练教师团队由拥有康复治疗学专业背景及曾接受语言治疗相关培训的教师组成。语言康复训练教师团队会根据各班班主任申报的学生名单，进班摸查该生接受语言康复训练的具体需求，通过观察学生课堂表现，初步了解其语言理解和表达能力，其后结合班主任意见，依据团队内教师专长分配个案。广州市天河区启慧学校现阶段语言康复训练主要包括口肌训练、辅助沟通系统（AAC）训练、手势语沟通训练、有效沟通训练等。语言康复教师采用由林丽英于2016修订的《身心障碍学生特殊教育语言治疗评估表（92听语协会编）》等评估工具对个案的语言沟通能力进行评估，依据评估结果拟订并实施语言沟通训练的个别化教育计划。结合语言沟通能力的评估结果及对粗大、精细动作能力的了解，针对无口语或少口语学生开展辅助沟通系统（AAC）训练或手势语沟通训练，目的在于扩充沟通的渠道、提高沟通的品质。口肌训练主要针对存在构音障碍及口肌问题的学生开展，基于《构音障碍功能评定表》等工具的评估结果制订并实施训练计划，目的在于改善学生口部肌肉问题、提升学生发音清晰度。

（四）沙盘治疗

沙盘治疗主要为有自卑、焦虑等心理问题或曾有创伤经历的学生服务。沙盘治疗教师团队由拥有心理学专业背景并持有心理咨询师资格证书的教师组成。班主任依据日常观察申报个案，沙盘治疗团队的心理老师接到个案后进行评估，随后以沙盘游戏治疗的方式展开针对性辅导。

第七节　推进步骤之评价

个别化教育计划实施阶段性结束或者全程结束后，为了解个别化教育计划中长、短期目标的达成情况，掌握学生在某阶段内的学习情况，并给教师的教学提供反馈、调整、修订的依据，需要进行评价。目前，广州市天河区启慧学校的个别化教育评价主要分为学期中评价、学期末评价、学年末评价。参与个别化教育评价的人员有跨专业教师团队以及学生家长。

一、评价方式

在个别化教育评价中，广州市天河区启慧学校综合运用正式评价和非正式评价的方式，依据学校学生个体间差异显著的特点，以更具灵活性和动态性的、更能及时了解学生情况并加以反馈的、更能发挥评价者和被评价者主体性的非正式评价为主。家长和教师依据个别化教育计划制订的目标进行评价，通过纸笔测验、作业分析、课堂行为表现分析等方法来实施。

（一）纸笔测验

依据 IEP 目标选用或编制相对规范的测验工具（如单元测验试卷、常用识字表检测等），营造相对正式的测验环境，以纸笔测验的形式了解学生长、短期目标的达成度。

（二）作业分析

对学生日常作业进行分析，以了解学生对相关长、短期目标的达成度，既包括日常教学中教师所布置的纸笔作业，如生活语文的抄写作业、生活数学的计算作业等，也包括以图画作品、录音资料、录像资料等形式呈现的实操作业，如绘画与手工的绘画作品、唱游与律动的歌唱录音、生活适应的独立刷牙视频等。

（三）课堂行为表现分析

对学生课堂行为表现，如回答问题、课堂参与度、课堂练习情况等进行观察，以了解学生的长、短期目标达成度。这要求教师在教学活动设计中，所设置的每一环节均需与课堂教学目标对接，为及时了解学生的目标达成进度并及时修正教学活动提供保证。

二、评价类型

广州市天河区启慧学校的个别化教育计划期限一般为一学年，个别化教育评价主要依据时间维度分为学期中评价、学期末评价、学年末评价。

（一）学期中评价

“学期中评价”一学年两次，评价时间定于每学期完成第二个主题教学后的一周内。评价内容围绕已学习的两个主题，主要考查已学习月主题计划中涉及的 IEP 短期目标的达成度，目的在于从学期中评价结果中反思教学活动效果，及时调整教学活动，修订下半学期的教学计划。

（二）学期末评价

“学期末评价”一学年一次，评价时间定于学年第一学期最后两周内。评价内容围绕第一学期学习内容，考查学年第一学期 IEP 短期目标的达成度，目的在于以学期末评价结果为依据，教师和家长组成的个别化教育计划团队重新分析研讨，对未达成目标展开原因分析，确定目标需要调整还是继续执行，修订学生 IEP 短期目标，并以文案资料《IEP 目标完成报告》的形式，形成一份个别化教育计划的“中期汇报”。

（三）学年末评价

“学年末评价”一学年一次，评价时间定于学年第二学期最后四周内。

评价内容围绕整个学年所学内容，考查 IEP 长短期目标的达成度。跨专业教师团队和家长以学年末评价结果为据，共同进行分析研讨，结合目标完成情况、影响目标达成的原因分析、相关意见和建议形成文案资料《IEP 目标完成报告》，作为个别化教育计划的最终汇报，为下阶段新一轮的个别化教育计划做铺垫。

表 4–14 个别化教育计划示例——《刘某 2019—2020 学年第一学期 IEP 目标完成报告》

检核时间：2020 年 1 月　　　负责人：谭艳玲、张梦雅

目标完成情况简介	短期目标共 31 条，已达成 28 条，达成率 90.3%。通过本学期学习，学生在各学科目标完成情况具体如下： （1）生活适应方面：能够按步骤刷牙、洗脸，如厕后能主动洗手，并能往水槽里甩手或使用干手机；能在厕所里整理好服装再开门；能说出 4 种衣物的名称。 （2）劳动技能方面：能将被子折成方形，并将枕头放在指定的地方；能够用水冲手搓洗 2 种水果（雪梨、苹果）和 2 种蔬菜（生菜、西蓝花）；能用扫把和垃圾铲将教室清扫干净。 （3）运动与保健方面：能够主动参与课堂常规体育活动，如主动做热身操、慢跑；能够在排队时双脚并拢、双手自然垂下、腰挺直、眼睛直视前方；喜欢参与垒球活动，能够参与垒球接力跑、双人抛接球等活动，并能在活动中与他人配合。 （4）绘画与手工方面：对黏土手工比较感兴趣，能模仿老师按步骤完成较复杂的绘画与手工造型；能观察、比较身边常见的生活用品，简单地表达自己的感受并进行简单的模仿制作；能认识常见物体的颜色和形状等基本特征（如：深绿、浅绿和五角星、多边形），对综合探索活动感兴趣，并能简单地表达自己的喜恶。 （5）唱游与律动方面：能在听到学过的音乐后，跟随集体或老师做出该音乐的代表性动作；能欣赏一两首固定的本地区或本民族的儿歌、童谣、乐曲；在音乐游戏中能做出敲门、开门、打招呼等反应。 （6）生活语文方面：在听到短语后，能够把形容词加名词的短语相应的图片指出来，目前掌握短语已达 15 个，如漂亮的花朵等；能够用主谓宾句式说出自己的基本需求，如“我想吃巧克力”等；能够认读及抄写所学文字 15 个；能用普通话朗读 20 字以内句子。

续上表

目标完成情况简介	（7）生活数学方面：能够在听到"加"或者"减"的时候做出对应的增加或减少物品的动作；能够用1元分别表示5元和10元；能够说出三堆差异性明显的物体的多少；能以视线范围内指定的完整参照物，指出其上面和下面。 （8）信息技术方面：能够区分平板电脑的开关键、音量键和返回键。 未完成目标共3条，包括： （1）生活适应方面：能够说出自己的居住地址、家长的号码。 （2）劳动技能方面：能按照要求用三种以上动作做多个步骤的手工作品。 （3）生活语文方面：能够听到包含关联词的句子，做出适当回应
影响目标达成的原因分析	1. 居住地址比较抽象，学生需依靠图片提示才能说出来，加上学生常常出现自言自语的情况，注意力容易分散，识记较长内容有一定的困难。该目标需下学期继续执行，教师需注意调整教学策略。 2. 学生专注力不够，注意力容易分散，影响从事多个步骤的手工劳动。该目标难度过高，建议更换。 3. 学生难以理解本学期所学关联词所表达的转折、因果关系，目标难度较高，下学期建议对目标进行调整，一方面减少数量，另一方面降低难度，如调整为：能够听到表示承接关系关联词的句子（1句），做出适当回应，如"先……再……"
相关意见与建议	1. 继续加强认知理解方面的训练，并重点提升有效的社交沟通技能。 2. 学生受挫能力较弱，遇到不合自己心意、愿望未达成或者被拒绝的时候就会不开心，并会出现捏人、掐人、用拳头或手打人等行为，建议家长日常多做一些情绪方面的教导
其他	1. 经常会出现塞牙时用手抠牙齿的情况，建议家长检查其牙齿，如果蛀牙考虑补牙。 2. 偶尔会出现用手摸下体的行为，建议其衣服着装尽量宽松透气

第五章 主题整合的个别化教育的教学模式

第一节 主题整合教学模式概述

一、主题整合教学模式的背景

（一）特殊学校的教育目标

《培智学校义务教育课程设置实验方案》指出，使智力残疾学生具有乐观向上的生活态度；具有基本的文化科学知识和适应生活、社会以及自我服务的技能；养成健康的行为习惯和生活方式，成为适应社会发展的公民。①2016年颁布的《培智学校义务教育课程标准》指出，应着眼于学生的生活需要，按照学生的生活经验和生存需要，以生活为核心组织课程内容。②由此可见，特殊学校教育强调学科知识与生活的内在联系，其教育目标主要为学生参与社会生活做准备。主题整合的教学模式注重学科的知识整合，是个别化教育计划与生活建立紧密联系的最直接、最有效的方式，能有效地实现特殊学校的教育目标。

（二）特殊学校学生的认知特点

学校教育应以学生为主体，教育教学应符合学生的认知特点。目前，特殊学校多以中、重度智力障碍学生为主。智力障碍学生的认知特点有：识记缓慢，记忆容量小，对知识的理解能力较差，对知识的自我整合能力不足；

① 中华人民共和国教育部．培智学校义务教育课程设置实验方案［Z］．2007-02-02．

② 中华人民共和国教育部．培智学校义务教育课程标准（2016版）［Z］．2016-12-01．

学习的兴趣相对较少，且动机水平低；学习迁移能力差，难以将学科知识转换为生活能力等。因此，特殊学校学生需要一个贴近生活的教学模式，主题整合教学模式就是立足于这样的基础对学生进行指导和教学。

（三）分科教学的局限性

分科教学具有逻辑性和系统性等优点，能使学生在单位时间内掌握最多的学科知识，同时也便于教师开展教学组织和教学评价。但分科教学割裂了各学科知识，脱离了学生的生活实际，且学生的学习方法单一，不利于学生知识结构的完整和综合能力的提升。

特殊学校的教育目标主要是教会他们如何学以致用，为他们将来适应社会生活打下基础，而不是单纯地教授学生逻辑严密的学科知识。分科教学的局限性在特殊学校的教育中则更明显，特殊学校学生难以将所学的知识技能迁移应用于生活中。

（四）主题教学推行的困境

主题教学最早起源于西方，随着我国课程改革的不断深化，越来越多的学者也开始对主题教学展开研究，但目前对于主题教学仍没有统一的定义，不同学者对主题教学有不同的看法。肖平认为主题教学是围绕某一主题，借助各种探究手段和活动以及与主题相关的各类资源，使学生认知发生迁移，提高学生解决问题的能力以及主动探究的精神的教学方式。① 金旭球认为“主题式”教学是指在对“主题”内涵的延伸基础上，使用具有一定主题意义的任务驱动，基于一个或多个主题任务或主题项目设计教学，实现知识和技能在“主题式”学习中落实。②

从各位学者的观点中可看出，主题教学有利于知识与技能的泛化迁移，符合特殊学校学生的需求，也是我国特殊教育改革的趋势，但其需要教师具有较强的知识统合能力，这对教师提出了新的挑战。目前，广州市天河区启慧学校教师年龄分布范围为 22 ~ 46 岁，平均年龄为 30 岁，教师队伍呈现年轻化的特点。在开展主题教学的过程中，年轻教师容易在教学内容安排上产生困惑，难以形成一个明晰的知识网络结构，从而造成教学内容断层化、形式化等问题，教学质量难以保障。

---

① 肖平. 基于主题教学的教学设计应用研究［D］. 上海：华东师范大学，2006.

② 金旭球. 基于技能形成的“主题式”教学设计初探［J］. 中国电化教育，2016（11）：100-105.

二、主题整合教学模式的概念界定

《培智学校义务教育课程设置实验方案》中提出："分科课程和综合课程相结合。在课程组织形式上，分为分科课程和综合课程，力求既遵循学生身心发展的基本规律和认识理解事物的普遍特点，较全面满足学生的一般性需求，又促进学生对知识的整体理解和运用知识解决实际问题的能力。鼓励学生学以致用，把所学知识运用到解决实际生活问题的实践中。"① 广州市天河区启慧学校在个别化教育实施阶段进行创新改革，基于国家"分科课程和综合课程相结合"的要求以及本校的师资情况，整合分科教学和主题教学的优势，开展主题整合的个别化教育教学模式，既能保持学科的逻辑性和知识脉络的完整性，又能关注学科间的整合与联系，贴近学生的生活，减少学习的类化和迁移的困扰，让教学更具功能性和实用性。

本研究将主题整合界定为：根据特殊学校学生的个别化教育需要，围绕以生活为中心的主题，整合多学科知识，综合运用适合特殊学校学生的教学方法和手段，以提高学生个人生活品质的教育活动。

第二节　主题整合教学模式的实施

主题教学具有层次性、连续性，一般一个月左右为一个时间段完成一个主题内容，是目前培智学校主要课程模式之一，是实施个别化教育计划的重要模式之一。目前，我国的培智学校主要招收中、重度障碍儿童和多重障碍的儿童，学生个体差异较大，学习能力较弱，社会适应能力较差，难以适应传统的分科课程和教学模式。② 主题教学模式是一种强调教育的整体性、功能性、联系性和应用性相结合的教学方式。③ 广州市天河区启慧学校自 2012 年办学以来，一直坚持以单元主题的形式开展教学。在国家课标颁布之前，该校以单纯的主题活动形式为主，2016 年教育部颁布了《培智学校义务教育课程标准》后，该校基于学科开展了主题整合教学模式的实践探索。

---

① 中华人民共和国教育部．培智学校义务教育课程设置实验方案［Z］．2007-02-02.

② 谢立瑶．主题式整合课程在培智教学中的应用［J］．现代特殊教育，2007（9）：24-25.

③ 赵汤琪．《种子与果实》：培智学校主题教学设计与实践研究［J］．南京特教学院学报，2007（4）：32-35.

一、主题整合的缘由

传统的学科教学知识逻辑递进，但学科之间关联较少，学生知识技能迁移困难，单纯的主题活动功能性和实用性强，但知识断层割裂，不利于学生形成知识体系。

2016 年 12 月教育部颁布的《培智学校义务教育课程标准》给培智学校开展教育教学提供明确指引，培智学校有了明确的教育教学目标与内容。自 2018—2019 学年起，学校邀请南京特殊教育师范学院王辉教授亲临指导，全面开启了“基于国家课标”的个别化教育课程系列改革，构建“以个人生活品质为导向”的个别化教育体系，个别化教育实施阶段的改革是其中一项重要项目。基于国家课标的要求，综合考虑学科教学和主题活动的弊端与优势，广州市天河区启慧学校创新性地开展了主题整合教学模式，以每月一个教学主题把基础性课程中的七门学科统整起来，以主题活动的形式打破学科间的壁垒，将零散的学科知识加以整合，促使学生把当前所学的知识和技能与生活实际当中所遇到的问题联系起来，减少学习的类化和迁移的困扰，让教学更具功能性和实用性。

二、主题整合的路径

培智学校以《培智学校义务教育课程标准》为依据，结合课程本位评估的结果，以跨学科教师团队合作的形式拟订学生的 IEP 目标。学生的 IEP 目标为教学实施提供了重要依据，但如何把 IEP 目标落实到教师日常教育教学中，是培智学校共同遇到的难题。基于多年实践经验，广州市天河区启慧学校创新性地提炼了以“综合—分配—统整”的实施路径，确保 IEP 目标的有效落实（详见图 5–1）。

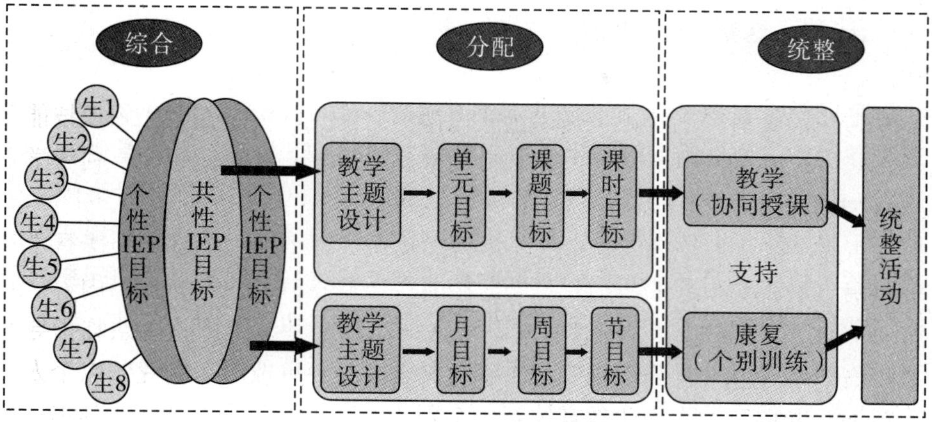

图 5-1　主题整合的路径

（一）“综合”

“综合”是指班级学生个别化教育目标的综合。每个学生制订 IEP 目标后，按照求同存异的原则，根据实施情境对班上全部学生 IEP 目标中相同或相近的目标进行分类综合汇总，形成班级共性 IEP 目标与个性 IEP 目标。如生活语文、生活数学、绘画与手工、运动与保健等汇总个别化教育目标，将其转为班级共性目标。每个学科 IEP 汇总后，从学科 IEP 目标中找出相关性，为拟订主题做准备。

（二）“分配”

“分配”是共性 IEP 目标与个性 IEP 目标的分配。共性 IEP 目标分配：跨专业团队开展教学主题设计，将学科目标分配到主题单元，形成单元目标；以课标为指引制订教学计划，将单元目标分配到课题目标；依据学科逻辑以及学生认知特点，将课题目标分解形成课时目标。即以“单元目标—课题目标—课时目标”的分配方式实现共性 IEP 目标逐级细化、层层递进，以协同授课的形式开展教学活动。个性 IEP 目标分配：根据学生的目标及对生活品质的追求，拟订个性康复计划，按时间长短原则将个性化目标分配成“月目标—周目标—节目标”，以个别训练的形式开展康复训练。

（三）“统整”

基于学生生活品质需要的真实活动，将基于共性目标设计的集体教学和基于个性目标设计的个别训练的内容加以统整。设置贴近生活情境的活动，让学生将学习的知识、技能泛化迁移到生活中，锻炼学生应对复杂生活环境的能力，并检验学生的学习效果，查找教育和康复训练中存在的不足，提出改进措施，进而有针对性地再次进行教育和康复训练。

三、主题整合的模式

主题整合是落实个别化教育计划的重要环节。主题整合的依据来源于通过课程本位评估确定的学生学习起点和共性的IEP目标，立足学生的生活需求，凝练学生IEP共性目标综合形成共通的生活问题。主题整合突破学科课程中单一线索的课程形态，打破不同学科之间的壁垒，围绕源于现实生活的问题，综合运用多个学科的知识和技能，以解决具有现实意义的问题为目的，突破学生学习类化和迁移的困难，使教学更具功能性和实用性。经过多年的实践，广州市天河区启慧学校提炼形成了“主题选择—主题设计—主题实施”的主题整合模式。

（一）主题选择

以往教师在选择主题时有着较大的随意性，主题所涉及的教学内容是否与课标要求、学生学习起点、学生生活所需等相匹配均有待考量，甚至出现教学目标游离于课程标准之外、几门学科简单拼凑、主题教学活动形式大于内容等现象。因此，广州市天河区启慧学校通过不断探索，总结出主题选择的三大主要出发点：学生IEP共通目标、学校生态特色、未来生活期望。

1. 学生IEP共通目标

主题的选择首先应以学生IEP目标为导向，依据学生IEP目标所导向的共通需要，综合形成与生活相关的问题，作为教学主题选择的参考。

广州市天河区启慧学校打破传统的学科教研组研讨的形式，以年段跨学科教师集体教研的形式，同一年段不同学科的教师集中讨论交流，在学科IEP目标导向的生活需要中寻找共通点，形成合适的主题。例如，高年段某班学生共性IEP目标如下。（1）生活语文：①倾听与说话：能复述复合句，能以复合句句式进行讨论；②识字与写字：认读课标中水平（五）部分生字，会写水平（四）部分生字；③阅读与写作：阅读表格的内容、阅读短文、背诵古诗《江雪》，用一段话记录生活趣事等。（2）生活数学：①常见的量：200以内的付款与找零、折扣；②数与运算：初步认识小数、表内除法的运用；③统计：了解简单的统计表等。（3）生活适应与劳动技能：①个人生活：按季节、场合合理着装，查天气预报；②家庭生活：冲泡饮料、烹饪简单的菜肴、收拾整理厨房；③学校生活：合理计划假期生活；④社区生活：增强网络自我保护意识；⑤国家与世界：了解重大节日或庆典活动的内容，在指导下完成活动。（4）唱游与律动：①感受与欣赏：能伴随音乐演奏打击乐器，能用简单的语言、动作表达听到的不同乐曲，了解与生活密切相关的音乐（如节庆、礼仪等）；②演唱：能根据歌曲内容边歌唱边律动表演或独立演唱一首歌曲；③音乐游戏：能进行完整的音乐游戏，表现对音乐结构、节奏、情绪的理解；④律动：能模仿不同地区、不同民族的舞蹈中的特色动作等。（5）绘画与手工：①造型·表现：运用线条、颜色、形状等组合造型；②欣赏·评述：欣赏传统文化艺术；③综合·探索：联系生活环境，运用多种媒材进行主题综合表现。（6）运动与保健：①运动参与：初步形成锻炼的习惯；②运动技能：了解传统民间体育运动项目的名称及基本内容，了解安全运动的几种常见方法；③身体健康：了解青春期运动会保健的注意事项；④心理健康：能够坚持不懈地完成运动项目，在比赛运动中表现友好、礼貌等。（7）信息技术：①身边的信息技术：了解智能手机的用途，能用其进行学习、交流、娱乐等休闲活动；②计算机网络的应用：搜索查询天气、地图等，搜索查询生活或学习中的知识等。从学生共性的 IEP 目标综合形成几个生活中的问题：如何迎接初中生活；作为一个初中生如何开展户外活动和制订计划；如何开展一次节日庆祝活动等。根据综合形成的问题，选择符合学生年龄和兴趣的学期主题。结合学校传统，每年的 11 月举办运动会。该班一个学期四个主题分别为：我是初中生、青春露营节、健康运动会、喜迎新年；未整合到主题的 IEP，则以康复训练的形式开展个别康复训练。

2. 学校生态特色

首先，主题的选择应以学校生态为导向，如学校周边环境、学校的重大活动等。广州市天河区启慧学校是天河区教育局下属的唯一一所公办特殊教育学校，天河区是广州市的新城市中心区，位于广州市新中轴线上，区内交通、旅游、休闲、娱乐资源聚集，各类生活设施完备。学校地处地理位置优越的天河区员村四横路，周边生活服务设施较为完善，有综合市场、百货商场、银行、邮政局、医院、公园等。主题的选择可依托于学校周边丰富的社区资源展开，如低年段主题“看看我们美丽的天河”、中年段主题“天河公园秋游”“我的学校在员村”、高年段主题“天河之春”“智慧社区”等。

其次，广州市天河区启慧学校在育人过程中始终贯彻“五育并举”的原则，每年定期举行分别指向于德育、体育、美育的特色重大活动，每年 9 月举办阅兵仪式、11 月举办运动会、5 月举办艺术节。主题的选择可依据学校的重大活动展开，因此形成了具备学校特色的、与学校育人方针保持一致的共通性主题，如“我爱我的祖国”“运动会”“艺术节”。

3. 未来生活期望

主题的选择还应以学生未来生活的期望为导向，即选择主题时围绕希望培养学生未来成为怎样的人、未来能过上怎样的生活、为过上这样的生活需要掌握什么知识技能等问题展开考虑。

广州市天河区启慧学校以年段组教研的形式，针对本年段学生当前及未来的发展需求展开分析形成主题。如低年段教师团队考虑到低年段的学生在未来校园生活当中将会成为少先队员，并以此作为主题选择的依据之一，形成了“我是少先队员”的主题。此外，还会根据社会生活的发展变化，有选择地吸纳鲜活的社会生活事件作为主题选择依据，引领学生适应未来的发展趋势，如高年段教师团队考虑到在后疫情时代，既能安全享受户外活动又能保持社交距离的“露营”成为越来越流行的出游选择，据此形成了主题“青春露营节”。

基于“学生 IEP 共通目标”“学校生态特色”“未来生活期望”等作为主题选择的出发点，形成了不同年段不同的主题。以 2021—2022 学年为例，形成了以学生学习起点为依据、充分考虑学生生活需求的低、中、高年段既有共通性又有自选性的学期主题，如表 5-1 所示。

表 5-1　2021—2022 学年第一学期主题选择

年段	时间	主题名称	主题类型
低年段	2021 年 9 月	快乐的节日	共通性主题
	2021 年 10 月	秋天来了	自选性主题
	2021 年 11 月	运动会	共通性主题
	2021 年 12 月	喜迎新年	自选性主题
中年段	2021 年 9 月	我爱我的祖国	共通性主题
	2021 年 10 月	我劳动，我光荣	自选性主题
	2021 年 11 月	我运动，我健康	共通性主题
	2021 年 12 月	我安全，我成长	自选性主题
高年段	2021 年 9 月	我是初中生	共通性主题
	2021 年 10 月	青春露营节	自选性主题
	2021 年 11 月	健康运动会	共通性主题
	2021 年 12 月	喜迎新年	自选性主题

（二）主题设计

为了避免主题整合形式化，教师只关注自己学科的教学内容，在确定了教学主题后，需由跨学科教师合作展开主题的设计。因此，广州市天河区启慧学校每月以年段组为单位，组织跨学科教师团队依据各学科的教学计划，结合当月教学主题，将教学内容进行有机整合，设计出切实可行的主题规划，保障教学的顺利实施，确保学生的 IEP 目标落实到课堂教学中。主题的设计主要包含细化与生成目标、策划统整活动、开展主题分析三大内容。

1. 细化与生成目标

“主题整合”模式中以主题活动为明线，以学科知识和技能为暗线。因此，教师团队在把学期 IEP 目标细化成每月主题目标的过程中，要考虑学科要求，依据学科逻辑把各学科学期目标分配到每月主题，形成单元目标；设计单元的具体活动（具体的课题），再将单元目标细化形成课题目标；每个课题分为若干个课时，课题目标进一步细化，形成课时目标；依托主题设计的形式，以“学期目标—单元目标—课题目标—课时目标”的路径将目标逐级细化，将学生的 IEP 目标细化落实到课堂教学中。同时，教师团队还要考虑主题生成的目标与内容，将主题所生成的目标，补充到当月主题目标当中。例如，高年段“青春露营节”主题中，既要考虑将学期 IEP 目标逐级细化，又要考虑这个主题生成的目标，如学会场地布置、学习搭帐篷、学习收帐篷、学习团队合作等主题生成的目标，以充实主题学习，更好地解决实际生活中的问题，提升生活能力。

2. 策划统整活动

统整活动是指每月教学主题的结束活动。统整活动为学生创造了运用跨学科知识和技能解决真实生活中问题的机会，同时还可让各科教师对学生知识和技能的掌握情况进行评鉴。跨学科教师团队共同策划具有综合性及实践性的统整活动，让学生所学知识和技能得以实践和应用，形式包括全校统整、年段统整和班级统整。

全校统整是贯彻学校育人方针的学校重大活动，每年例行举办，对不同年级学生有不同要求，如学校共通性主题“我爱我的祖国”的统整活动为“阅兵仪式”。

年段统整是各年段组策划和组织的年段活动，如低年段主题“健康小卫士”的统整活动为“争当健康小达人”；中年段主题“羊城美食”的统整活动为“美食会”；高年段主题“乐淘启慧”的统整活动为“启慧乐淘街”；等等。

班级统整是各班根据班级教学内容，结合班级学生的特点、兴趣与需求所策划的班级活动，如在高年段主题“乐动广府”中，七年级的统整活动为“醒狮比赛”，八年级的统整活动为“传统游园会”，九年级的统整活动为“广府云庙会”。以2021—2022学年第二学期为例，各年段根据主题策划的相应的统整活动如表5-2所示。

表5-2　2021—2022学年第二学期主题统整活动

年段	时间	主题名称	统整活动	统整范围
低年段	2022年3月	书香节	各班自拟	班级统整
	2022年4月	健康小卫士	争当健康小达人	年段统整
	2022年5月	艺术节	艺术节	全校统整
	2022年6月	我是少先队员	少先队入队仪式	年段统整
中年段	2022年3月	最美羊城人	观影	年段统整
	2022年4月	羊城美食	美食会	年段统整
	2022年5月	启慧艺术节	艺术节	全校统整
	2022年6月	羊城美景	羊城云游	班级统整
高年段	2022年3月	乐动广府	七年级：醒狮比赛 八年级：传统游园会 九年级：广府云庙会	班级统整
	2022年4月	乐淘启慧	启慧乐淘街	年段统整
	2022年5月	乐玩艺术	艺术节	全校统整
	2022年6月	乐赞青春	七年级：下午茶 八年级：下午茶 九年级：毕业典礼	班级统整

3. 开展主题分析

主题分析是指跨学科教师团队研讨主题所涉及各学科内容，并形成若干个子活动，构建主题整合框架图。教师罗列出主题所涉及的各门学科内容后，既可以依据各门学科IEP目标形成若干以某学科为核心的子活动，也可以将多门学科交叉形成若干子活动。主题整合框架图主要是呈现通过主题分析形成的若干子活动，以及与该主题相关并有助于主题目标达成的教学内容，并形成一条主线把这些内容加以贯穿，如在高年段“青春露营节”主题中，立足学生的 IEP 目标和生活需求，提出相关的问题“如何做户外休闲活动的设计和准备？”，形成了“青春露营节”的主题，根据主题整合相关的内容，设计了“我做计划”“我做准备”“我搭帐篷”“我做美食”等子活动，并根据子活动，设计具体的教学活动。主题分析如图 5-2 所示。

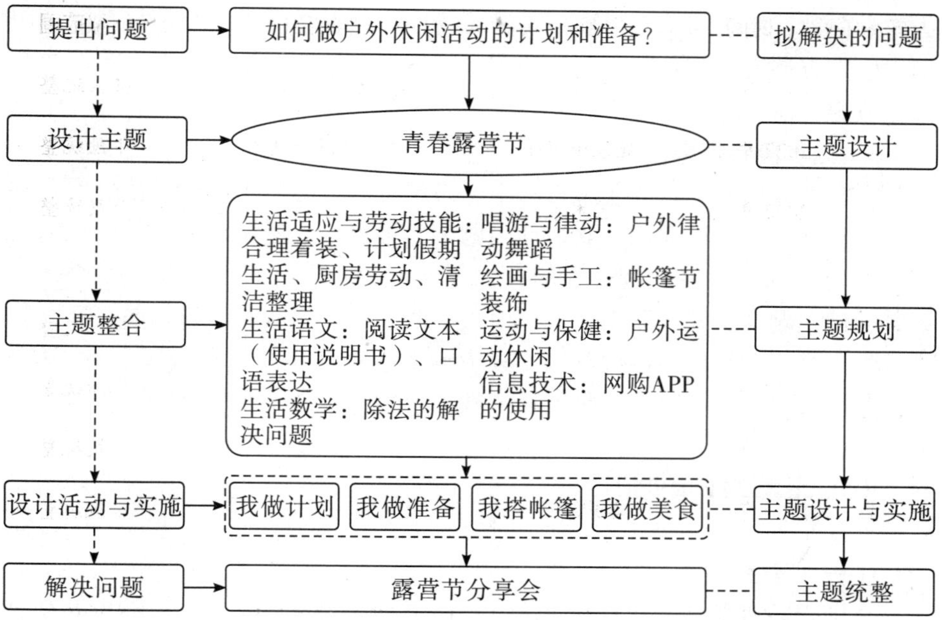

图 5-2 高年段“青春露营节”主题分析思路

（三）主题实施

主题的实施以“一题多科”的模式开展，各学科教师围绕同一教学主题展开教学活动，并共同组织该主题的统整活动。在主题实施的过程中，一般依据以下三个思路展开教学活动：以 IEP 目标为依据，以统整活动为线索，以年段特征为参考。

1. 以 IEP 目标为依据

主题实施过程中应避免出现盲目贴合主题却偏离 IEP 目标的现象，各科教师在设计教学活动时要始终以 IEP 目标为依据。如高年段“青春露营节”这一主题，从生活语文“能阅读短文，并获取信息”的 IEP 目标，引申到“阅读露营节邀请函，了解人物、地点、时间信息”的主题目标；从生活数学“了解简单的统计表”的 IEP 目标，引申到“能统计露营节各类物资的数量”的主题目标；从生活适应与劳动技能“能依据场合选择着装”的 IEP 目标，引申到“能选出参加露营节的衣服”的主题目标；等等。

2. 以统整活动为线索

主题实施过程中以参加统整活动为线索，结合学生IEP目标和个别化教育需求，设计相关的教学活动。如高年段“青春露营节”这一主题的统整活动为“参加青春露营节”，生活语文以“阅读露营节通知”为教学内容，生活数学以“统计露营所需物资”为教学内容，劳动技能以“制作露营美食”为教学内容，绘画与手工以“布置露营场地”为教学内容，信息技术以“用搜索引擎查询天气信息”为教学内容，唱游与律动以“学会演唱一首歌曲在露营节中表演”为教学内容。

3. 以年段特征为参考

在学校共通性主题的实施过程中，教师可以参考各年段学生特征展开教学活动设计，也可以在同一共通性主题下，根据各年段特征拟订年段主题，即使是每年都会开展的例行主题，也要体现螺旋上升、稳步递进的原则。如共通性主题“运动会”中，低年段生活数学以“列队时能辨别前、后”等为教学内容，中年段生活数学以“读出各个运动项目的举办时刻”为教学内容，高年段生活数学以“看懂呈现各班成绩的单式统计表”为教学内容。

四、主题整合的原则

（一）个别化原则

个别化教育是培智学校教育的核心，遵循个别化原则是主题整合的首要原则。培智学校学生个体之间兴趣、能力发展等方面差异性大，个体自身能力发展也不平衡，因此，在实施教育教学过程中，教师应当充分尊重学生的个体差异，通过准确的教育诊断和课程评估，把握学生个体之间的差异以及个体自身的发展特征，找准学生的最近发展区，把握每个学生的学习特质和学习起点，拟订个别化教育目标。在主题整合中，教学策略、支持策略应符合学生的个体需求，促进学生在能力起点上不断发展。

（二）生活化原则

培智学校教育的最终目标是适应生活、适应社会，因此，教师在教育教学中应尽可能做到“生活化”，以生活为核心，围绕学生生活选择主题内容，使学生学会运用知识技能解决生活问题。同时，主题内容应具备功能性，应着眼学生实际生活需求及未来生活需求，因此，教师应结合学生生活情景，选择教学资源，通过统整活动、实践活动等为学生创造机会，使学生习得的知识技能及时迁移应用在生活中，以提升其生活能力。

（三）整合性原则

课堂上教授的知识和技能可能是单一的，但学生运用知识和技能，常常需要完整的能力。因此，教师应跳出学科教学关注某一智能发展的惯性思维，通过主题整合的形式整合学科内容，促使不同学科之间相互联系、融合贯通，使学生在综合实践中多方面能力得到发展。主题整合还要求整合多学科内容，教学设计避免单一的、抽离情境的单项训练，概念感知、技能习得及态度的学习都在一日生活的活动或创设相应的情境中进行，充分体现了“整合性”的原则。

（四）开放性原则

主题整合要重视教学内容、教学方法、教学空间的开放性。教学内容既要关注学生当前生活环境与需要，又要关注未来发展需要；既要适应当今社会的生活需求，又要体现未来的发展趋势；同时根据社会生活的发展变化和学生身心发展的需要，有选择地吸纳鲜活的社会生活事件。教学方法与支持策略要体现多样性，教学安排要富有弹性与开放性，体现选择性。教学空间从课堂向家庭社区扩展，提高学生适应生活、适应社会的能力。

五、主题整合的成效

（一）实现个别化教育与主题教学有机整合

经过实践研究，教师团队探索出“综合—分配—统整”的主题整合路径，将个别化教育与主题教学有机整合，有效解决了个别化教育与主题教学割裂的问题。

1. IEP 目标为主题设计提供依据

根据学生的特点和实际需求，培智学校采取主题教学模式，无疑是目前合适的选择。开展主题教学，主题的选择尤为重要。学生的 IEP 目标是主题选择的首要依据。教师对每一位学生都进行教育诊断和课程评估，通过教育诊断了解学生的学习特质、能力现状，通过课程评估了解学生学习起点，进而拟订学生个别化教育目标，进行教育安置。通过“综合”的方式，教师将学生个别化的目标综合成班级共性目标，而班级共性目标则是主题选择的第一考虑要素。

2. 主题教学为 IEP 目标提供落脚点

个别化教育的实施依托于课程，主题教学是培智学校有效的课程实施方式。个别化教育计划是为每一个学生制订的，因为学生的个别化差异大，所以学生的个别化教育目标如何落实到课堂教学中需要一个落脚点，而主题教学则是最好的落脚点。在主题教学中，教师可通过“综合—分配—统整”的路径，采用“主题选择—主题设计—主题实施”的模式，有机整合个别化目标与主题内容。通过主题设计，教师将学生 IEP 目标以“学期目标—单元目标—课题目标—课时目标（教学目标）”的形式逐级细化，使学生的个别化目标转化为具体的教学目标。教师将主题设计与实际生活相联系，可有效整合学科教学内容。主题整合具备“生活性”“整合性”强的特点，既能紧密结合学生生活实际，又能考虑学生未来生活，为学生适应生活、适应社会做准备。

（二）满足学生不同教育需求

由于学生个体差异性大，为了更好地执行个别化教育计划、实施个别化教学，在教学组织方面，教师主要采用集体教学、小组教学、协同教学、康复个训等多种教学组织形式，以满足学生的不同需求。教师可根据 IEP 目标和学生能力进行小组教学，以生活数学为例，数概念尚未发展的学生学习 10 以内的数字以及生活中看到的数字，如电梯里楼层数字、楼层数字、自己的编号等；数概念有初步发展的学生学习点数，提高生活中的点数能力，如吃午点时点数水果的数量；已经有了点数能力的学生通过点数学习 5 以内的加法，认识钱币，增进生活数学应用能力。每一节课，课前两位班主任老师互相备课，进行教学设计，渗入 IEP 单元目标，将 IEP 执行落实到每一节课中。小组课中，教师分别对自己负责的小组组织教学，采用游戏教学、分类、配对、概念、工作分析、行为塑造、答问、举例等方法进行教学，课后两位老师进行教学反思，及时调整教学策略。同时，学校开设康复个训课，满足学生不同的学习需求。

（三）精准支持，促进目标达成

运用辅助的方式或辅具的支持，以促进学生达成学习目标，是培智学校课堂上常用的教学策略。支持性策略包括人力支持、专业支持和技术支持。人力支持是教学过程中，单纯由一名教师主讲的传统的集体教学模式无法满足学生的需要，可通过开展协同教学，即由两名教师以一种专业的关系组成教学团队，彼此分工合作，共同策划和执行教学活动，一人主教，一人助教，协同教学，对现有的教学资源进行高效整合，从而满足学生的不同需求。专业支持是由于学生的教育和康复需求多样化，可视需要由专业教师介入，帮助学生适应学习和生活，例如行为处理组教师介入处理学生情绪行为问题，自闭症组教师入班支持自闭症学生。技术支持是通过电子设备或其他技术支持学生完成难以独立完成的任务，例如通过 AAC 辅助沟通系统帮助无口语或口语表达不清的学生进行表达沟通；提供专业的移动式 TB 架等辅具给行动不便的学生，以帮助学生维持较长时间的站立和行走。全方位的支持策略，可帮助学生达成学习目标。

（四）专业团队合作，保障准确实施

个别化教育的实施离不开教师，而教师需要团队的合作。在个别化教育过程中，评估环节需要跨专业团队的合作，实施环节更需要教师团队的合作与支持。教师团队形成了包括以年段组为单位的横向团队合作、以学科为单位的纵向团队合作、以跨年段和跨学科为单位的跨专业团队合作模式（如图 5–3 所示）。

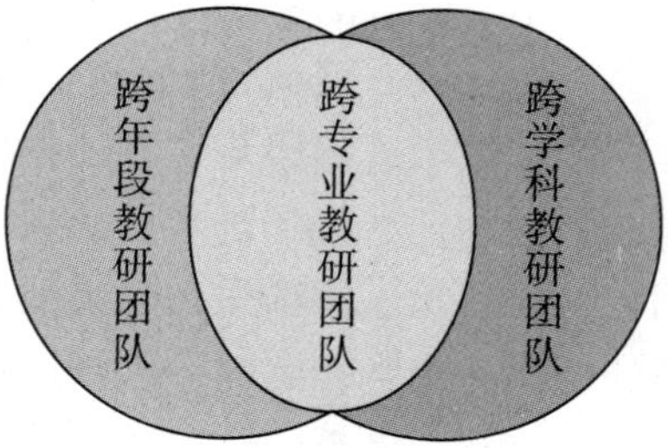

图 5–3　个别化教育团队合作模式

横向团队合作以年段组为单位，包括低年段教研团队、中年段教研团队、高年段教研团队，主要以跨学科的教师团队研讨主题选择、进行主题设计、策划统整活动等为主要任务。纵向团队合作以学科为单位，包括生活语文、生活数学、生活适应、劳动技能、唱游与律动、绘画与手工、运动与保健、信息技术等八个学科团队，以跨年段的教师团队研讨细化国家课标中学科教学内容为主要研究任务。跨专业的团队合作以学生教育需求为导向，以教师专业发展为依托，组建了 IEP 课程组、自闭症康复组、动作康复组、语言与言语康复组、情绪行为处理组、艺术调理组等六个专业组，专业组分别以个别化教育、自闭症康复训练、精细动作与粗大动作康复训练、语言与言语康复训练、正向行为支持、戏剧治疗、书法治疗等作为研究方向。学校组建的横向、纵向、交叉式的教师专业团队，共同为学生个别化教育保驾护航，确保个别化教育准确实施。

六、主题整合的思考

（一）加强主题之间的连贯性

主题整合模式对特殊教育教师提出了更高的要求，需要教师具有扎实的教学分析能力，“主题”的选择与设计必须按照一定的层次、遵循一定的系统，使其在实施的过程中能够形成统一的整体，教师在设计主题教学活动时，能够有计划地进行。无论是教学主题还是教学内容，都需要结合学生的实际状况，有计划、有组织地进行设计、开发与实施。

（二）多种途径实现家校社共育

家庭、社区是学生成长不可分割的一部分，争取家长的支持与参与能更有效地达成学生个别化教育目标。开展家长培训班，提高家长对IEP的认知水平，指导家长在家里给学生做相关的康复、开展相关的实践活动。教师在平时教学中多与家长沟通联系，把学生的进步和表现通过照片记录下来，并通过网络途径发送给家长，让家长了解学生在校情况，提高家长对学生的重视。学生所居住的社区环境不尽相同，适时开展社区活动，增加学生参加不同的社区活动的机会。通过家庭、学校、社区多种途径实现家校社共育，从而提升学生适应生活、适应社会的能力。

第三节　“我爱我的祖国”共通性主题范例

一、主题名称

我爱我的祖国。

二、主题简介

金秋的风景怡人性情，九月的开学别样美丽。广州市天河区启慧学校在9月份开学伊始，制定“我爱我的祖国”爱国主义教育主题，通过课堂教育让学生树立热爱祖国、努力进取、团结协作的精神；通过康复训练进一步加强学生的规则意识、集体意识，有利于他们更好地适应学校，进而适应社会；通过统整活动再次巩固加强学生的爱国教育，让学生深刻体会到祖国的富强、人民的幸福，同时在活动中检阅学生的精神风貌。

三、选题缘由

随着时代的变迁、国力的强盛，国家特殊教育事业投入了巨大的精力、物力、财力，为特殊孩子们的生长发展铺设了一条光明平坦的道路。特殊孩子们有必要了解到，他们今天的幸福生活离不开革命先烈的艰苦斗争、浴血奋战，离不开国家对他们无微不至的关心和爱护，他们也更应该努力地生活、学习，做一个顽强不息、自主自立的中国人。因此，学校选取“我爱我的祖国”主题来提升学生的爱国意识，提高学生自强不息、自力更生的意识，培养学生的集体荣誉感。

四、主题内容

表 5–3 “我爱我的祖国”共通性主题活动

年段	活动一：“认识中国”	活动二：“庆祝国庆”	活动三：“练习阅兵”
低年段	1. 能够认读生活中常见的生字 5 个，如中、天、人等（生活语文）； 2. 运用彩旗、五角星、正方形等素材学习 5 以内的点数以及形状认识（生活数学）； 3. 能正确使用视频软件中的“全屏”按钮和“返回”按钮（信息技术）	1. 知道国旗的形状和颜色，并能够给国旗和五角星涂上正确的颜色（绘画与手工）； 2. 欣赏音乐《小列兵》，能够玩走与跑游戏（唱游与律动）； 3. 欣赏音乐《如果感到高兴》，能够在节奏下进行拍手、跺脚（唱游与律动）	1. 能够模仿所学简单动作，如转头、踢腿、敬礼等（运动与保健）； 2. 能够认识并区分人种，如黄、黑、白种人（生活适应与劳动技能）； 3. 能够爱护红领巾（生活适应与劳动技能）； 4. 学会整理着装，如穿衣服、整理衣尾和领子（生活适应与劳动技能）

续上表

年段	活动一："认识中国"	活动二："庆祝国庆"	活动三："练习阅兵"
中年段	1. 能够认读生活中常见的生字 8 个，如国、景、食等（生活语文）； 2. 运用中国广州的美食素材学习 10 以内的加法（生活数学）； 3. 能够使用常见的视频软件，并利用这些视频软件搜索相应资源（信息技术）	1. 能够用不同的美术素材制作花朵和灯笼庆祝国庆，如轻黏土、揉搓纸等（绘画与手工）； 2. 学唱歌曲《我们的学校亚克西》，欣赏新疆舞蹈并感受新疆舞的动作特点（唱游与律动）； 3. 学唱歌曲《红领巾相约中国梦》，欣赏四句式歌曲，根据歌词做律动（唱游与律动）	1. 能够完成具有一定难度的基本身体活动动作，如正步走、原地踏步走等（运动与保健）； 2. 知道中国人的特质，如勇敢、坚强、团结等（生活适应与劳动技能）； 3. 能够表达"我是中国人，我骄傲"的情感（生活适应与劳动技能）； 4. 了解少先队，知道社会主义核心价值观（生活适应与劳动技能）
高年段	1. 能够认读并书写生活中常见的生字 10 个，如领、徽、强等（生活语文）； 2. 运用中国广州的景点素材认识门票上的数学信息以及使用支付软件购买门票（生活数学）； 3. 能够正确使用 P 图软件完成一幅设计（信息技术）	1. 能运用各种材料进行组合，完成简单的制作活动，如制作庆祝国庆手工画（绘画与手工）； 2. 学唱爱国歌曲《东方之珠》，并能够边唱边律动（唱游与律动）； 3. 学唱歌曲《明天会更好》，并学习歌曲手语（唱游与律动）	1. 能够熟练掌握阅兵中所需要的一系列动作，并能够按照正确的路线入场（运动与保健）； 2. 了解常见的职业，如教师、军人等（生活适应与劳动技能）； 3. 知道职业分类，如海军（船）、陆军（坦克大炮）、空军（飞机）（生活适应与劳动技能）； 4. 能够当一名合格的小士兵（生活适应与劳动技能）
主题统整活动：启慧阅兵			

五、主题统整活动

1. 统整活动名称

启慧阅兵（“祝福祖国”主题阅兵活动）。

2. 统整活动时间

2021 年 9 月 30 日。

3. 统整活动地点

启慧学校足球场。

4. 统整活动过程

表 5–4　统整活动过程

时间	主要内容	注意事项
8：30—8：50 准备活动	1. 学生换军装、喝水、上洗手间等活动。 2. 少先队员戴好红领巾。 3. 8：50 之前在场地整理队伍，集合完毕	1. 各班班主任、协助老师如无其他岗位任务，均确保入班组织学生活动。 2. 学生的迟到问题：提醒家长务必准时送学生到校，如果学生迟到，教师带好未到学生的军装，如果学生到校，在时间允许的情况下帮其换上军装参与阅兵；如果时间来不及，则指派一名老师和学生留在班级的区域内观看阅兵。 3. 注意集合时间，不要迟到
8：50—9：40 开始活动	1. 升旗仪式：奏唱国歌，升国旗； 2. 开幕：校长致开幕词，并宣布阅兵仪式正式开始。	1. 维持好班级队伍的秩序，听从工作人员安排，做好行为问题学生处理预案。 2. 每班可邀请一位家长代表作为摄影师，进入阅兵区域协助拍照，其余家长请配合在观礼区观看阅兵。

续上表

时间	主要内容	注意事项
8：50—9：40 开始活动	3. 阅兵仪式：按照从低年级到高年级的顺序依次出场，在等待就位区整理队伍。而后，各班依次进场，阅兵过程中，各方阵需绕操场一周，保持队形、踏步走、喊口号（各班自行设计），最后，返回班级原来所在位置。 4. 齐唱《我和我的祖国》（发放小红旗，学生、老师、家长齐挥小红旗；指挥：李淑贤）。 5. 齐诵“社会主义核心价值观 24 字”（主持人领诵，全体师生合诵）。 6. 颁奖仪式：主持人宣布获奖情况：评选出最优风貌奖 5 个班；最佳方阵奖 5 个班；最佳组织奖 5 个班。每个班级依次上台领取奖状和奖品，并和颁奖嘉宾合影。 7. 总结：书记对本次阅兵仪式进行简要的总结讲话	3. 活动当天将开放一楼食堂后面空地、跑道，设为家长观礼区，现场拉警戒线，请班主任告诉家长观礼期间不要越过警戒线、不要随意在阅兵区穿行拍照等，家长的文明礼仪将给孩子树立良好的榜样，也将成为班级阅兵风貌评比的指标之一
结束活动	1. 各班级按秩序退场。 2. 收拾整理场地。 3. 撰写新闻通讯稿，配图 3～5 张（第二天内完成推送）	做好活动道具的收集和活动现场环境的清理，现场不要遗留垃圾

5. 统整活动瞬间

图 5–4　“启慧阅兵”活动瞬间

第四节 “劳动小当家”低年段自选主题范例

一、主题名称

劳动小当家。

二、主题简介

本主题是基于三年级1班学生的个别化教育需求以及班级学生共性学习目标，以“劳动小当家”为主题，以参加“劳动技能大比拼”竞赛统整活动为主线，贯穿学生个别化教育需要的学科知识与技能。通过“我是清洗小达人”“我是整理小达人”“我是打扫小达人”等内容进行项目设计，巧妙融合该年段生活语文、生活数学、生活适应与劳动技能、绘画与手工等课程素养，能有效提升学生主动学习的积极性，促进学生相关能力的发展。

三、选题缘由

低年段选择“劳动小当家”这一主题主要考虑到低年段的学生缺乏基本的清洗、整理和收拾的生活劳动技能，可通过本月的主题教学提高学生的劳动技能。因此，在目标选择过程中，侧重于生活适应和劳动技能这两个学科的课程目标，同时通过发散性的逻辑思维分析兼顾了生活数学、生活语文、唱游与律动、绘画与手工以及运动与保健等不同课程的教学目标。

四、主题内容

表 5-5　低年段“劳动小当家”主题活动

年级	活动一：我是清洗小达人	活动二：我是整理小达人	活动三：我是打扫小达人
一年级	1. 能简单清洗自己的小手帕（劳动技能）； 2. 能用泡水的方式清洗一种水果（劳动技能）； 3. 能主动去洗手（生活适应）； 4. 能听懂上课的常用语（如洗手帕、洗手、洗苹果等）（生活语文）； 5. 能根据身边物品（红领巾、袜子、杯子、勺子等）的颜色进行简单的配对分类（绘画与手工）	1. 能将自己的袜子、小内裤放到相应的位置（劳动技能）； 2. 能将自己的书包、书本放在规定的位置（劳动技能）； 3. 餐前能自己拿饭盒，餐后把饭盒放到相应的位置（劳动技能）； 4. 能自己穿好鞋袜（生活适应）； 5. 能在现实情境中，理解 5 以内的含义（生活数学）	1. 能用 1～2 种简易的方式打扫不同的教室（如捡大垃圾）（劳动技能）； 2. 能认识自己的教室及与自己相关的场所，了解基本功能（生活适应）； 3. 能按要求从图片中找出“洗勺子”“擦黑板”“倒垃圾”等生活情境（生活语文）； 4. 能结合日常生活动作（擦、扫）进行有节奏地模仿与练习（唱游与律动）； 5. 能用简单的方法进行描画、涂色等基本绘画活动（绘画与手工）

续上表

年级	活动一：我是清洗小达人	活动二：我是整理小达人	活动三：我是打扫小达人
二年级	1. 能将自己的红领巾、袜子清洗干净并晾晒好（劳动技能）； 2. 能用搓洗的方式清洗多种水果（劳动技能）； 3. 能在适合的生活情境下尝试按照步骤洗手、洗脸（生活适应）； 4. 能认读汉字“洗、手”（生活语文）； 5. 能借助相应的图形（三角形、圆形等）模板，进行简单的模仿创作（我在洗红领巾）（绘画与手工）	1. 能折叠好自己的袜子、小内裤、红领巾等小衣服并放到相应的位置（劳动技能）； 2. 能整理两三种学习用品，例如：把笔盒放入书包，橡皮和笔整理好放入笔盒，等等（劳动技能）； 3. 能穿好、脱好常见的简便衣服、鞋袜（生活适应）； 4. 能借助实际情境和操作（袜子、红领巾的数量），理解“加”和“减”的实际意义（生活数学）； 5. 能用普通话跟读“我在脱鞋子”“××× 在收拾书包”“她在放袜子”等简单句（生活语文）	1. 能打扫课室中自己的位置，并且知道下课擦黑板、倒垃圾（劳动技能）； 2. 能在餐前、餐后清理自己的勺子（劳动技能）； 3. 能用普通话跟读“我在擦黑板”“××× 在倒垃圾”“他在洗勺子”等简单句（生活语文）； 4. 能有节奏地念童谣《卫生儿歌》（唱游与律动）； 5. 借助相应的图形（三角形、圆形、方形等）模板，进行简单的模仿创作（绘画与手工）

续上表

年级	活动一：我是清洗小达人	活动二：我是整理小达人	活动三：我是打扫小达人
三年级	1. 能用多种方式清洗自己生活中常见的小件衣服如袜子、小内裤、汗巾、手帕等（劳动技能）； 2. 能正确使用七步洗手法把手洗干净（生活适应）； 3. 能用词语描述图片，如洗手、洗脸、洗袜子等（生活语文）； 4. 能配合音乐做“我是清洁小能手”创意动作表演（唱游与律动）； 5. 能积极主动参与“收收收、洗洗洗、擦擦擦”的体育小游戏（生活适应）	1. 能主动承担班级的多项清洗任务（生活适应）； 2. 能有想法地整理学习用品，如选择自己喜欢的笔盒、在书包上挂上小饰品等（劳动技能）； 3. 能认识大自然，知道爱护环境（生活适应）； 4. 能用词语描述图片，如穿衣服、擦黑板、放铅笔等（生活语文）； 5. 能借助袜子、红领巾等实物或图形口算和笔算 8 以内的加法和减法	1. 能完成校园固定位置的打扫工作（劳动技能）； 2. 能在餐后把自己的位置、桌子打扫干净（劳动技能）； 3. 能主动维护校园的公共设施，保持校园环境清洁，如在校园公共设施坏掉时主动告知老师（生活适应）； 4. 能结合图片内容，理解简单句“我在擦桌子”“我在扫地”的意思（生活语文）； 5. 能综合运用绘画与手工不同的表现形式，进行“我是劳动小达人”绘画作品创作（绘画与手工）
主题统整活动：劳动技能大比拼			

五、主题统整活动

1. 统整活动名称

劳动技能大比拼。

2. 活动时间

2021 年 10 月 29 日。

3. 活动地点

五楼综合电教室。

4. **活动简介**

本年段本月的教学主题为“劳动小当家”，为给学生提供一个感受劳动喜悦、统整所学知识技能的机会，特策划组织一次名为“劳动技能大比拼”的统整活动。本次活动将组织学生参与比赛场地布置，积极运用本月学习技能参与活动竞赛、活动场地整理收拾等环节。一方面，鼓励学生在参与活动的过程中统整运用本月在各学科中学到的知识和技能，另一方面，通过愉快、轻松的活动，让学生既能感受辛勤劳动带来的喜悦，又能获得自我认同感和自信心。

5. **活动过程**

表 5-6 “劳动技能大比拼”活动过程

时间	事项	具体要求
第一部分：活动准备		
10 月 25 日	派发竞赛宣传单	学生积极报名参加相关竞赛项目
10 月 28 日 上午	准备比赛 物资	食物：饼干、紫菜、糖果、饮料（果粒橙、葡萄汁、可乐等）、蛋糕拼盘等作为兑换奖品； 物品：被子、床单、扫把、垃圾桶、抹布、桌子、袜子、红领巾等
10 月 28 日 下午	布置劳动技能 比拼场地	各用具、桌子和奖品的布置摆放（下午放学后完成）：由梁老师、苏老师、曾老师负责
第二部分：劳动技能大比拼竞赛当天（10 月 29 日）		
9：30 前	入场完毕	人员分工： 比赛区（固定：曾、梁、黄；机动：李）：负责引导学生以游园模式参加不同项目的劳动技能赛，负责留意离开比赛区的学生，若不是到其余 2 区，则及时带回舞台区就座（主要关注：汪、铭、珍、楚；若这几位学生实在无法参与，可以由 1 位教师把他们带到其余 2 区，由相应区域负责人看管）； 兑奖区（梁、李老师）：1 位教师负责在兑奖区给学生拿奖品（需要学生表达“我想要兑换……”）；另一位教师在就餐区照看好该区域的学生（不用收拾）
9：40— 9：45	主持人 致辞	主持人（张、苏）：负责整场串场

续上表

时间	事项	具体要求
第二部分：劳动技能大比拼竞赛当天（10 月 29 日）		
9：45—11：00	“劳动技能大比拼”正式开始（叠被子竞赛、洗袜子比赛、我是扫把小达人等）	主持人宣布“劳动技能大比拼”游园竞赛活动开始，告知学生可自由选择伙伴组队参加相关竞赛活动； 主持人留在舞台区，示范该如何进行游园竞赛活动，其他教师将分组辅助不同的学生参加他们能力以内的相关劳动技能竞赛，并且鼓励学生们自主进行相关兑奖活动； 允许学生离开位置到其他区，但比赛区的助教需要留意他们的去向，引导他们到相应区域
11：00—11：30	主持人宣布活动结束，征集志愿者搞卫生	主持人总结，劳动技能比赛结束，拍照合影； 征集志愿者搞卫生： 1 个教师负责（曾）：1 人收拾垃圾（比赛区）； 1 个教师负责（李）：1 人扫地（比赛区）； 1 个教师负责（杨）：1 人收拾兑奖区（擦桌子）； 其余学生由班级教师带回班级，利用同学拍摄的照片，进行活动回顾与总结

6. 活动精彩瞬间

图 5–5　学生在进行“擦桌子”技能竞赛

图 5–6　学生在进行“叠衣服”技能竞赛

图 5–7　学生在准备进行“挂衣服”技能竞赛

图 5–8　学生在教师指导下兑换奖品

第五节　“缤纷夏日”中年段自选主题范例

一、主题名称

缤纷夏日。

二、主题简介

本主题基于五年级 1 班学生的个别化教育需求以及班级学生共性学习目标，以“缤纷夏日”为主题，以参加“夏日‘水上’派对”为主线，通过夏日的天气、夏日的水上活动、夏日的美食、参加“夏日‘水上’派对”活动的相关技能训练等内容进行项目设计，巧妙融合了生活语文、生活数学、生活适应与劳动技能等课程素养。

三、选题缘由

中年段的“缤纷夏日”主题，主要为了提高本年段学生关于季节、天气、温度以及与之对应的活动、美食等方面的知识和技能，因而这个主题更侧重于生活语文、生活数学以及劳动技能等方面的知识。同时，以“夏日‘水上’派对”为主题统整活动，贯穿学生个别化教育需要的学科知识与技能，能有效提升学生主动学习的积极性，促进学生相关能力的发展。

四、主题内容

表 5-7　中年段“缤纷夏日”主题活动

年级	活动一：夏日的天气	活动二：夏日的活动	活动三：夏日的美食
四年级	1. 认读、描写、书写汉字：夏、热、太、阳（生活语文）； 2. 认读、仿说词语：很热、晒太阳（生活语文）； 3. 能有几种意识到“节约资源、环境保护”的行为表现：例如：夏日温度高，但空调温度不能过低；进出空调房要随手关门；离开空调房要关空调等（生活适应）； 4. 能安全使用风扇、空调等夏日常见家电（劳动技能）； 5. 能用肢体动作即兴表现乐曲《萤火虫》（唱游与律动）	1. 认读、描写、书写汉字：玩、水、枪（生活语文）； 2. 认读、仿说词语：玩水、打水枪（生活语文）； 3. 能认识跟自己有关的、几个重要的时间点，如 1 点玩水、5 点打水枪等（生活数学）； 4. 玩夏日活动时，能积极尊重、礼让他人（生活适应）； 5. 能够参与夏日体育活动，并在参与过程中体验其乐趣与成功（运动与保健）	1. 能根据几种夏日食品的价格拿出相应的 50 元以内的钱币面值（生活数学）； 2. 了解夏日食品的饮食安全，知道生冷东西不能多吃（生活适应）； 3. 能清洗大多数夏日水果（劳动技能）； 4. 能运用撕、折、揉、搓、粘、贴等方法组合拼图，较逼真地表现生活中常见的夏日食品（绘画与手工）； 5. 能认读、仿说词语：冰淇淋、沙拉、冰棍等（生活语文）

续上表

年级	活动一：夏日的天气	活动二：夏日的活动	活动三：夏日的美食
五年级	1. 认读、描写、书写汉字：炎、晒、太、阳（生活语文） 2. 认读、仿说词语：炎热、晒太阳（生活语文）； 3. 能认读天气预报、空调遥控器上的温度（生活数学）； 4. 能即兴或创编歌曲表达夏日甜蜜的问候（唱游与律动）； 5. 能有效率地刷洗夏日凉鞋（劳动技能）	1. 认读、描写、书写汉字：糕、游、泳（生活语文）； 2. 能说、仿说、用词卡组词：句式："……啊！"（生活语文）； 3. 能运用多种图形进行简单的拼图，创造有新意的泳池（生活数学）； 4. 能遵守几条学校的安全规则，避免危险，如不独自去游泳、不独自在河边玩水等（生活适应）； 5. 能够说出特定的特殊奥林匹克运动游泳的简单规则（运动与保健）	1. 能根据单一夏日食品的价格进行100以内的付款与找零计算（生活数学）； 2. 能根据实际（如尊重他人喜欢与需求），积极、主动与人分享夏日食品（生活适应）； 3. 能用剪刀、手等不同方式择、洗夏日的蔬菜（劳动技能）； 4. 能够模仿制作三个及以上步骤的简单图形和用半成品材料制作夏日食品（绘画与手工）； 5. 能看图说话、指认图片：吃冰淇淋、喝绿豆汤、搅拌西瓜汁等（生活语文）

续上表

年级	活动一：夏日的天气	活动二：夏日的活动	活动三：夏日的美食
六年级	1. 能认识与夏日有关的重要节气（小暑、大暑），知道还有几天就是小暑或大暑（生活数学）； 2. 能在现实情境中，理解 30 ℃以下与 30 ℃以上的区别，理解不同温度的现实生活差异（生活数学）； 3. 能以绘画的方式表现夏日（绘画与手工）； 4. 能有表情并且配合动作唱儿歌《夏天来了》（唱游与律动）； 5. 能根据需求，有效率地洗涤、晾晒夏日衣物、泳衣、泳帽等（劳动技能）	1. 能听懂简单的、叙述性的、与夏日活动有关的故事（生活语文）； 2. 能完整转述生活中的事件（例如，今天在学校我玩了新的夏日活动，我很开心）（生活语文）； 3. 能喜欢参与文化生活，体验风土人情（例如泼水节）（生活适应）； 4. 能熟悉社区中各种安全标识，并理解其意义（如泳池边的 1.5 m 标志）； 5. 能在复杂度高的夏日音乐游戏中做出正确反应（唱游与律动）； 6. 能较长时间在不同气候条件下进行户外活动（运动与保健）	1. 能根据多个夏日食品进行 100 元以内的付款与找零计算（生活数学）； 2. 能用多种方式有品质地刷洗餐具、炊具（劳动技能）； 3. 能正确使用冰箱存放不同类型的夏日食品（如蔬菜、水果、冰淇淋、饮料等）（劳动技能）； 4. 能较逼真地画出生活中常见的夏日食品的颜色和肌理效果（绘画与手工）； 5. 能够运用简单的图形和半成品材料制作仿真夏日美食（绘画与手工）
主题统整活动：夏日“水上”派对			

五、主题统整活动

1. 统整活动名称

夏日“水上”派对。

2. 活动时间

2021 年 7 月 3 日。

3. 活动地点

学校操场及饭堂。

4. 活动简介

本年段本月的教学主题为“缤纷夏日”，为给学生提供一个感受夏天气氛、统整所学知识技能的机会，特策划组织一次名为“夏日‘水上’派对”的统整活动。本次活动将组织学生参与派对场地布置、派对中的吃喝玩乐、派对场地整理收拾等环节。一方面，鼓励学生在参与活动过程中统整运用本月在各学科中学到的知识和技能；另一方面，通过愉快、轻松的活动，让学生既能感受夏日气息，又能愉悦身心、放松心情。

5. 活动过程

表 5–8 “夏日‘水上’派对”活动过程

环节	地点	工作人员	安全事项
1. 夏日舞台： 各班至少准备 1 个与夏天相关的节目进行表演，如夏日服装秀、夏日歌曲演唱、相关课文朗诵等	饭堂	节目单汇总：吴老师； 催场：陈老师； 播放音乐：邹老师	节目上下场时注意安全，以防摔伤
2. 夏水礼： 组织学生到操场进行“夏水礼”活动：玩水枪、睡躺椅等（注意安全）	操场	用具充气、摆放（提前准备）：梁老师、苏老师、曾老师； 维持秩序：各班主任	1. 用具充气时注意清场； 2. 每支水枪由一名教师管理，该名教师需负责安排该水枪由哪个学生玩、玩多久、怎样玩，并注意看管； 3. 充气泳池旁需有 2 名教师驻守（韩老师、毛老师），泳池水不宜高于 20 cm
3. 夏日的美食： 组织学生回到饭堂吃美食、喝饮料	饭堂	食物、饮料的摆放及管理：各班生活辅导员	采购食物、饮料时注意保留超市小票，保证食物来源可追溯
4. 整理收拾	饭堂、操场	每班派出至少 1 名教师组织学生进行收拾、整理、清扫等收尾工作	注意秩序的维持，保障安全

6. **活动精彩瞬间**

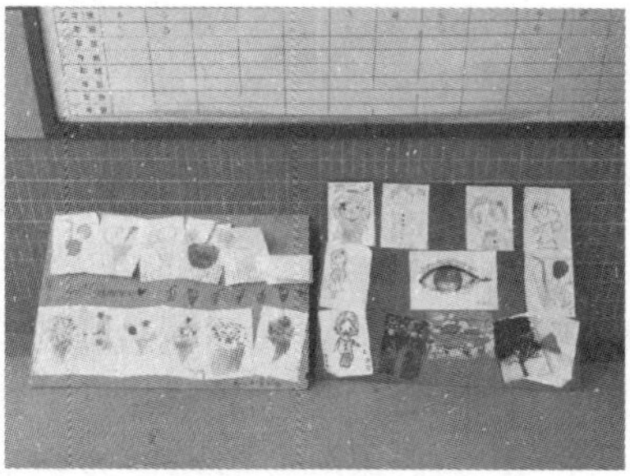

图 5–9　学生的“夏日期待”绘画作品

图 5–10　学生在进行“夏日舞台”准备

图 5–11　学生在享受“夏水礼”

图 5–12　学生在等待享受“夏日美食”

第六节　“智慧踏春”高年段自选主题范例

一、主题名称

智慧踏春。

二、主题简介

春暖花开，春意盎然，沉寂了一个冬天的生命，在这明媚的三月里肆意。为了让学生更好地感受春天的气息，增强学生的社会实践意识，培养学生的生活应变能力，高年段在三月份制定“智慧踏春”主题。在该主题中，学生主要学习认识广州新八景，培养学生热爱家乡的情感；学习如何在网络中搜索景点信息，制订出游计划；学习乘坐地铁及计算交通费用；学习文明出游规则，做礼貌广州人。

三、选题缘由

根据国家培智教育课程大纲，特殊教育学校应培养学生的生活适应能力，提升学生生活质量，关注学生生活实际，帮助学生融入社会。广州市天河区启慧学校高年级组（七、八、九年级）本月教学主题为“智慧踏春”，旨在以寻找广州的美丽景点为契机，系统锻炼学生乘坐公共交通工具、搜索景点信息、遵守景点游玩规则等社会技能，培养学生的主人翁意识及热爱家乡的情感。

四、主题内容

表 5-9 高年级段“智慧踏春”主题活动

年级	活动一：春天的印象	活动二：春天的故事	活动三：我们去春游
七年级	1. 能认读、书写并听写关于春天植物的字词 3 个（生活语文）； 2. 能用课文中的表示并列关系的关联词“既……又……”造句，并且能够结合生活情境正确表达（生活语文）； 3. 学习古诗《绝句》，掌握字词“江、泥、沙、鸳鸯”（生活语文）； 4. 广州的花：尝试用多种线条（直线、波浪线、曲线）进行画面组合及绘画表现（绘画与手工）	1. 学唱歌曲《小草》，体会作品中带来的美感（唱游与律动）； 2. 能测量自己或同学的身高（生活数学）； 3. 能测量距离的远近，并根据要求做出选择（生活数学）	1. 制订踏春计划（地点、路线、物资准备、游玩攻略）（生活适应与劳动技能）； 2. 球感练习：足球球性练习操（运动与保健）； 3. 会切换日历视图（年、月、周、日），会在日历上找各类节假日（信息技术）

续上表

年级	活动一：春天的印象	活动二：春天的故事	活动三：我们去春游
八年级	1. 认读：草、花、头，会书写生字：黄、像、晴（生活语文）； 2. 用“……像……”仿写或说一句话（生活语文）； 3. 学习古诗《咏柳》，掌握字词“树、高、条、剪绿”（生活语文）； 4. 给树爷爷画像：用线构成美术技法，创作和表现大树形态和纹理（绘画与手工）	1. 学唱歌曲《在中亚细亚草原上》，用身体动作表达音乐（唱游与律动）； 2. 能读出或指出生活中常见的数字（公交车、地铁线路）（生活数学）； 3. 能用计算机计算小数加减法（生活数学）	1. 网购零食：点击 ×× 网—×× 超市—1 小时达—休闲零食（生活适应与劳动技能）； 2. 三体能循环：障碍跑、开合跳、平衡转（运动与保健）； 3. 能播放软件内推荐的音乐，能根据自己的喜好搜索视频播放（信息技术）
九年级	1. 认读词语：印象、朋友圈（生活语文）； 2. 会书写生字：印、朋、友（生活语文）； 3. 能根据图片运用句式“谁什么时候在哪里做什么”发一条朋友圈（生活语文）； 4. 大花瓶水拓印技巧学习：在一个色点上使用重复绘画技巧，拉不同角度的线条，形成造型，在绘制好的花瓶造型上进行水拓印创作（绘画与手工）	1. 学唱歌曲《弹起我心爱的土琵琶》（唱游与律动）； 2. 能尝试选择合适的测量工具对生活中的物品重量进行测量（生活数学）； 3. 能在手机上正确按出小数（生活数学）	1. 扫码坐公交：打开 ×× 小程序，选择羊城通乘车码，点击扫码乘车（生活适应与劳动技能）； 2. 学习篮球的防守知识和动作（运动与保健）； 3. 能打开音乐软件，认识主要界面，能使用音乐软件中的 K 歌功能选择歌曲进行 K 歌娱乐活动（信息技术）
主题统整活动：花城广场打卡游			

五、主题统整活动

1. 统整活动名称

花城广场打卡游。

2. 统整活动时间

2019 年 3 月 28 日（周四）上午 8：30—11：30。

3. 统整活动地点

花城广场。

4. 统整活动过程

（1）活动对象。

七年级 1 班、七年级 2 班、七年级 3 班、八年级 1 班全体师生。

（2）活动形式。

师生集体乘坐公交车外出。

（3）前期准备。

3 月 1 日：各班介绍 3 月新主题，预告统整活动。

3 月 2 日—28 日：主题相关知识系统教学。包括认识羊城八景，学习在网络中搜索景点信息、制订出游计划、乘坐公交车的流程、计算交通费用等技能，学习文明出游规则等。

（4）活动过程。

8：30—9：05：结对班级集中在教室中进行安全教育及复习景点游玩规则。

9：06—10：00：结对班级前往地铁站或公交车站乘车至花城广场。

当日无法出行学生（身体不适、情绪不良等其他情况）由董老师及当天艺能科教师带领开展教学活动。

10：01—11：00：结对班级到花城广场，按照统整活动计划开展景区游览活动。

11：01—12：00：结对班级到指定地点集合，准备返程。

（5）后勤保障。

①医疗：联系校医，准备急救药包。晨间到校检查学生健康状况，不适合外出的学生及时做好安排。

②物资：制作海报、拍照背景板等文具。向总务处借 4 台平板电脑，用于活动拍照、查询交通方式等。

③通知：各班提前一日向家长通知统整活动事宜。

④安全：活动当日，学生统一穿着校服，便于清点和寻找。各班提前为

学生制作身份卡，并在活动当日要求学生必须佩戴和保管好身份卡。身份卡上贴有学生照片，标清学生的姓名、学校、班级、父母及老师联系方式。

5. **统整活动瞬间**

图 5–13

图 5–14

图 5–15

图 5–16

第六章 “三位一体”的个别化教育运行机制

第一节 运行机制的概述

学校推行个别化教育关注到每一个学生，提升学生生活品质，需要学校、家庭、社区的共同参与。为有效推进个别化教育，学校建立了动力、保障、协调“三位一体”的运行机制。动力机制保证个别化教育持续运行；保障机制确保个别化教育有效运行；协调机制有效协调个别化教育运行过程中内部各部门之间以及家长、社区之间的关系，确保个别化教育有序运行。学校运行机制详见图 6-1。

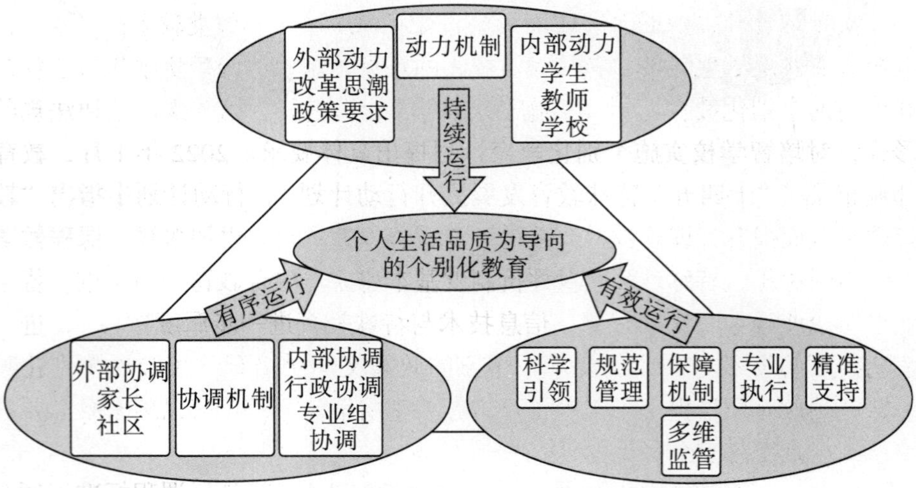

图 6-1 个别化教育“三位一体”运行机制

第二节 动力机制

一、外部动力

外部动力包括现代个别化教育改革思潮以及教育政策法规的要求。教育是一个动态的过程，随着个别化教育不断推进，其理念、内容等随之发生变化，学校的个别化教育运行也需要跟随教育思潮的变化而做出调整或改变，以适应先进的教育理念和做法。教育政策法规逐渐完善，对个别化教育计划的要求日趋详细。在教育政策法规的指引下，学校的运行也需要做出相应的调整甚至改革。

2007 年，教育部颁布《培智学校义务教育课程设置实验方案》，这是我国政府文件第一次提到个别化教育计划，但文件中并未对培智学校实施个别化教育计划提出要求，对个别化教育计划的制订和实施、监督和管理等也未做出明确规定。2017 年，教育部等七部门颁布的《第二期特殊教育提升计划（2017—2020 年）》中指出“通过特殊教育学校就读、普通学校就读、儿童福利机构就读、特教班就读、送教上门等多种方式，落实‘一人一案’”，这是从国家层面对个别化教育提出具体的“一人一案”的要求。2017 年，国务院修订并颁布的《残疾人教育条例》中指出“残疾儿童、少年特殊教育学校（班）应当坚持思想教育、文化教育、劳动技能教育与身心补偿相结合，并根据学生残疾状况和补偿程度，实施分类教学；必要时，应当听取残疾学生父母或者其他监护人的意见，制订符合残疾学生身心特性和需要的个别化教育计划，实施个别教学”，这是我国第一次以法律法规的形式，对培智学校实施个别化教育计划提出具体要求。2022 年 1 月，教育部颁布了《“十四五”特殊教育发展提升行动计划》，行动计划中指出“教育质量全面提升，课程教材体系进一步完善，教育模式更加多样，课程教学改革不断深化，特殊教育质量评价制度基本建立。融合教育全面推进，普通教育、职业教育、医疗康复、信息技术与特殊教育进一步深度融合”，进一步明确了提升教育质量的要求。国家的政策文件对培智学校开展个别化教育、提升教育质量提出了明确要求，作为基层培智学校，应以国家政策要求为指引，确切落实个别化教育。

2016 年，教育部颁布《培智学校义务教育课程标准》，课程标准的颁布为培智学校开展个别化教育提供了课程依据。课程标准颁布之后，广州市天河区启慧学校立即以课程标准为指引开展一系列的课程改革，逐渐构建和完善基于新课标的个别化教育的课程依托。

二、内部动力

内部动力主要指学生、教师、学校的发展带来的学校运行的动力。个别化教育坚持“以生为本”，学生的发展、学生生活需求的变化都是个别化教育持续运行的动力。随着融合教育的不断推进，轻度障碍学生进入普通学校随班就读，学校主要招收中、重度障碍的学生，而且近几年学生障碍程度整体逐年加重，学生能力和发展需求也发生变化，学校个别化教育策略、支持等应跟随该变化做出相应的调整。

教师是学校发展和开展个别化教育的主要动力。教师年轻化、专业化是学校的优势，学校开设“悦乎学堂”、“知乎讲堂”、“青蓝工程”师徒结对、教师技能大赛等项目，提升教师的教学水平；开展教学成果展评活动、鼓励教师申请课题等，以研促教，提升教师的科研水平，推动教师水平梯度建设，推动学校个别化教育持续发展。

学校的发展也是个别化教育的主要动力之一。广州市天河区启慧学校努力打造一所公办的、适合学生发展的、现代化的培智学校。随着课程改革的推进，个别化教育的实施也日趋完善。

第三节 保障机制

为确保个别化教育有效运行、落实个别化教育的精准实施，学校应构建和完善个别化教育保障机制。个别化教育保障机制包括五个层面：专家引领、规范管理、专业执行、精准支持、多维监督，五个层面环环相接。个别化教育的保障机制详见图 6–2。

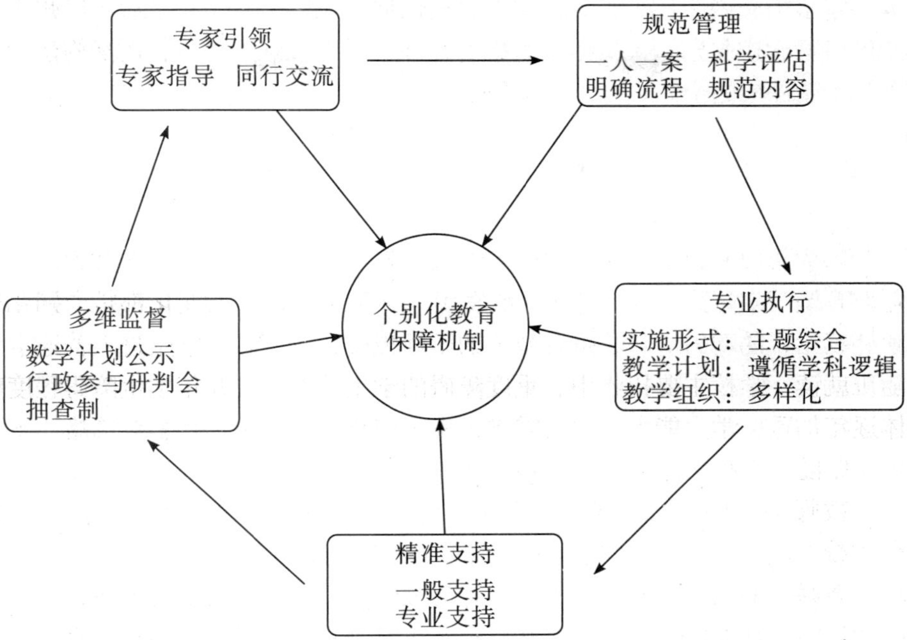

图 6-2 个别化教育保障机制

一、专家引领保障个别化教育科学开展

为保证个别化教育科学开展，广州市天河区启慧学校先后邀请个别化教育专家李宝珍、鲍亦君等指导个别化教育计划的拟订与实施；邀请赖铭茨、吴荔云等教授指导自闭症儿童教育教学；邀请林丽英教授指导语言康复技术；邀请杨炽康指导沟通辅助技术和无障碍环境建设；多次邀请南京特殊教育师范学院王辉教授指导个别化教育课程建设；邀请华东师范大学昝飞教授指导情绪行为处理；等等。在专家的引领下，学校规范了个别化教育计划拟订和实施流程，构建了以个人生活品质为导向的个别化教育课程，为个别化教育提供课程依托。

二、规范管理保障个别化教育计划有序开展

（一）“一人一案”

个别化教育的关键是拟订一个有效的“个别化教育计划”，广州市天河区启慧学校将个别化教育计划纳入教学管理规章，规定：为每一个学生制订

适合其需求的个别化教育计划，并建立相应的档案管理制度，每个学生的个别化教育计划独立成档，跟随学生升班。通过“一人一案”保障学校个别化教育计划的有效落实。

（二）跨专业团队评估

拟订个别化教育计划的核心环节是要做好相应的教育评估，包括教育诊断和课程评估，如儿童发展水平、障碍限制、学习特征、教育需要（课程本位评估）和支持需求等方面的教育评估，以便教师和相关专业人员了解学生具有的潜能及优势以及存在的限制与困难。教育评估还应该根据特殊需要儿童身心发展的变化，实施动态评估，为拟订个别化教育计划提供科学的依据。学校成立五个专业组，分别是：IEP课程组、自闭症组、行为处理组、艺术调理组、动作组，五个专业组包括了班主任、学科教师、语训康复教师、动作康复教师等。学生进入学校后，先进行初步的教育诊断和课程评估，再视学生需要转介专业康复评估，如自闭症评估、语言沟通评估、动作评估等。班主任、学科教师和专业康复教师跨专业进行教育诊断和评估，以保障评估的科学性和准确性。

（三）明确流程

个别化教育计划的拟订与实施有着严格的流程，虽然国内未有相关法律规定具体流程，但广州市天河区启慧学校开办初，经过一年多的实践探索，明确了个别化教育计划的实施流程：收集资料—评估—研讨—拟订长短期目标—实施—评价，六个环节环环相接，形成一个封闭的循环模式。除了明确流程外，对个别化教育计划的拟订和评价时间也做出规定：新生入学一个月拟订个别化教育计划，老生每学期修订短期目标，一学年重新评估拟订长短期目标。明确的流程和时间要求保障了个别化教育计划的顺利开展。

（四）规范内容

国内目前没有文件规定个别化教育计划应该包含的具体内容。学校结合专家建议和实践研究，规范个别化教育计划的内容，包括学生的基本资料、评估与能力分析、学生安置与支持、长短期教育目标、目标达成情况（个别化教育计划评价），并且设计了统一的表格。规范的内容与表格确保了个别化教育计划的完整性。

三、专业执行保障个别化教育计划有效实施

（一）主题综合

学生个别化教育计划中拟订的短期目标是教育教学和康复训练的依据，

但单纯地教授目标内容是不科学的。主题综合模式能够有效整合学科内容，紧密结合学生的生活实际和需求。广州市天河区启慧学校 IEP 实施以主题综合模式来开展。根据学生 IEP 目标拟订学期的四个主题，以年段或年级为单位，对每个主题进行主题规划，开展统整活动，将知识、技能有效地落实到学生实际生活中，以保障个别化教育计划的生态化实施。

（二）遵循学科逻辑，制订学科教学计划

我国地域范围广，培智学校地区差异性大，同一个地区乃至同一所学校学生个体差异性大，因此，国家培智学校义务教育课程没有具体的大纲，只有课程标准。广州市天河区启慧学校依据学生个别化教育目标和课程标准，学科内全部教师研讨、制订学期教学计划，以保障教学内容具有科学性。

（三）多样化的教学组织形式

教学是实施个别化教育计划的重要环节，学生个体差异性大，多样化的教学组织形式能保障个别化教育计划的有效实施。学校教学组织形式有：集体教学、小组教学、个别教学。一般学科主要以集体教学为主，在课堂中依需要开展小组教学。每周二和周四下午是康复调理课，主要是以小组教学的形式进行，全校学生依兴趣、康复需要进行分组，开展康复调理活动。康复训练主要以个别训练的形式开展，主要有语言训练、动作康复、作业治疗、自闭症个训、沙盘游戏等。

四、精准支持保障个别化教育计划优质实施

随着个别化教育计划的推进，一份优质的 IEP 不仅是看内容是否齐全，更加注重提供了什么样的支持策略，以降低个体与环境之间的不适配，达成教育教学的目标，提升学生的生活品质。广州市天河区启慧学校注重提供精准支持，以保障个别化教育计划的优质实施，包括一般支持和专业支持。

（一）一般支持

一般支持主要指环境支持、人力支持等。环境支持包括无障碍校园建设、结构化环境布置、居家功能室生活化布置、社区环境支持等。无障碍设施是学校支持的重要体现，学校配备无障碍厕所，操场等活动场所全部改为无障碍通道。学校、班级、功能室等创设结构化的环境，帮助障碍学生尤其是自闭症学生尽快适应环境。学校与家庭生活接轨，依据家庭场室布置建立家政室、烘焙室等居家功能室，降低学生与教学环境之间的不适配。社区是学生综合实践的首要场所，学生学习购物、乘坐交通工具等都离不开社区的支持。多年来，学校与社区建立良好的关系，获得社区的支持，开展了社区

打卡、慰问孤寡老人等系列活动。

人力支持包括学校教师协同教学、专业教师介入、家长的支持。在教学过程中，单纯由一名教师主讲的传统的集体教学模式无法满足学生的需要，可通过开展协同教学，即由两个或两个以上的教师以一种专业的关系组成教学团队，彼此分工合作，共同策划和执行教学活动，一人主教，一人助教，协同教学，对现有的教学资源进行高效整合，从而满足学生的不同需求。学生的教育和康复需求多样化，可视需要由专业教师介入，帮助学生适应学习和生活，例如行为处理组教师介入处理学生情绪行为问题，自闭症组教师入班支持自闭症学生。个别化教育计划离不开家庭的支持。学校注重家校合作，为学生的个别化教育提供拓展和实践的机会。

（二）专业支持

专业支持包括心理学支持、物理治疗、作业治疗、技术支持、辅具支持等。心理学支持方面，学校开设了沙盘游戏治疗课，配备齐全的沙盘游戏室，培养了专业的沙盘游戏教师。物理治疗、作业治疗是通过专业的训练方式对大动作及手功能进行支持，以提升学生的自我照顾能力。学校配备了专业的物理治疗室、作业治疗室，聘请了专业的康复教师。技术支持是通过电子设备或其他技术支持学生完成独立难以完成的任务，例如通过 AAC 辅助沟通系统帮助无口语或口语表达不清的学生进行表达沟通。学校提供专业的移动式 TB 架等辅具给行动不便的学生，以帮助学生维持较长时间的站立和行走。

五、多维度监管保障个别化教育计划切实实施

任何一项方案的实施都离不开有效的监管。为保障个别化教育切实开展，广州市天河启慧学校构建了多维度的监管方式。

（一）行政参与 IEP 研判会

每学年学生开 IEP 研判会，校长、教导处等教学监管部门人员参与学生的 IEP 研判会，以检核各班各学生 IEP 拟订的内容的完整性、IEP 目标的达成情况等。

（二）教学计划公示

每学期末通过学科研讨制订学科教学计划、年段研讨制定主题规划，学期初对教学计划和主题规划进行公示，各班各学科按照教学计划开展教育教学活动及康复训练。

（三）抽查制

实施个别化教育计划过程中，教导处对 IEP 的拟订、IEP 的实施、IEP

的评价进行随机抽查，对 IEP 拟订的科学性、实施的有效性、评价的准确性等进行抽查。

第四节 协调机制

一、内部协调

（一）行政协调

个别化教育计划的实施涉及方方面面，需要行政之间互相协调与支持。教导处负责学校个别化教育的整体推进和实施，学校办公室负责班主任管理及学生个别化教育计划的档案管理，学校总务处为个别化教育计划的实施提供技术支持和后勤保障。三个部门之间互相协调、互相支持，保障个别化教育计划的有序运行。

（二）专业组之间的协调

专业组是个别化教育计划的重要支持，学生的教育评估需要各个专业组互相协调合作，对学生进行专业评估，为拟订个别化教育计划提供科学的依据。同时，学生的个别化康复训练需要专业组支持，部分自闭症学生需要入班支持或者专业评估的康复训练；部分学生的情绪、行为问题需要正向行为支持组支持。学校通过个别化康复训练计划、挑战性行为预防机制等有效调节专业组之间的人员安排，最大限度地发挥专业组的支持功能。

二、外部协调

（一）与家长之间的协调

家长或主要照顾者是个别化教育计划的重要参与者。在家校合作方面，学校要加强与家长之间的沟通联系，并提供专业指导。一是邀请家长参与展示活动，如开放日活动、亲子运动会、亲子美食节等；二是召开家长会或开设家校合作方面的讲座；三是教师利用聊天软件和家长进行沟通、交流，记录学生的成长进步。多年来，学校通过家长会、家委员会、家长开放日等与家长建立良好的关系，通过班主任、家委会等有效协调与家长之间的关系，最大限度地获取家长的支持。

（二）与社区之间的协调

社区是实施个别化教育计划的重要环境，学校积极与社区居委建立良好的关系，主动邀请社区参与学校的重大活动，并带领师生积极参与社区重大活动。同时，学校邀请社区成员积极参与对学生的文明礼仪教育，教师常常带学生外出超市购物、菜市场买菜，学生有礼貌的行为也获得社区群众的好评与支持。

第七章 学校个别化教育的成效

第一节 学生个人生活品质的显著提升

广州市天河区启慧学校自实施个别化教育课程体系以来，始终秉持着以提高学生个人生活质量为导向的原则，通过教育、康复等手段，全方位地提升学生的生活品质，让学生经过九年义务教育的课程学习，在毕业后依然可以过着有意义的生活。

学校个别化教育贯彻国家《培智学校义务教育课程设置实验方案》提出的"着眼于学生的生活需要，以生活为核心组织课程内容，使学生掌握与其生活紧密相关的基础知识和技能，具有基本的生活和社会交往能力"等相关要求。① 为避免"生活简单化、生活狭隘化、生活机械化和生活庸俗化"的生活化课程的实践"四化"误区，学校个别化教育课程建设对生活化课程的价值取向发展为让智力障碍学生过"有意义的生活"，课程价值取向出现了自"适应生活"到"完满生活"的内生性发展。②

围绕"生活品质导向"，学校在课程设置与环境建设等方面做出了切实有效的举措，并取得了一些成效。

① 吴春艳，肖非．从"生活化的课程"走向"有意义的生活"：试论智障教育课程的价值取向［J］．中国特殊教育，2014（12）：34-37．

② 傅王倩，莫琳琳，肖非．从"知识学习"走向"完满生活"：我国培智学校课程改革价值取向的变迁［J］．中国特殊教育，2016（6）：32-37．

一、贯彻五育并举，学生生活品质得到全面提升

党和国家对教育提出的要求是培养德、智、体、美、劳全面发展的社会主义建设者和接班人。广州市天河区启慧学校在实施个别化教育课程的过程中，始终牢记这一培养目标，把德、智、体、美、劳全面发展与特殊学生生活质量的提升相结合，通过全方位的教育、训练、康复与支持，贯彻“五育并举”，在注重培养学生的同时，以生活品质为导向，为其生活质量的提升提供可能性。

（一）德——良好行为习惯的养成

学校以少先队为大本营，积极开展各类德育活动。一是坚持开展文明班级评比，从纪律、卫生、礼仪、安全、环保五个维度培养学生良好的行为习惯；二是通过升旗仪式以及国旗下讲话，开展思想教育；三是进行班级文化建设，每月一主题，月头布置，月尾检查，各班的黑板报效果日趋明显；四是开展主题班会，围绕节日、生命、健康、社会关注话题等来开展，对学生进行思想品德的熏陶和影响；五是进行少先队队伍的建设，每年定期发展壮大少先队队伍，同时为共青团输送合格成员。

广州市天河区启慧学校霍某、梁某、秦某等 5 位同学获得“美德少年”荣誉称号，这一难得的学生荣誉称号正是学校个别化教育提升学生思想品德和尊严意识的显著成果，更映衬了特殊儿童依然可以有尊严、依然可以是为社会服务的好少年的教育终极目标。为了全方位发展学生的尊严、品德，我们致力于构筑学校、家庭和社会协调一致的教育合力，通过活动育人的形式，发展学生对个人尊严的追求。

表 7–1　德育学年计划

月份	月主题	周次	周主题
3 月	诚信教育月	第一周	诚实教育
		第二周	守信教育
		第三周	遵守校规校纪
		第四周	遵守社会公德

续上表

月份	月主题	周次	周主题
4 月	生态环保教育月	第一周	垃圾分类
		第二周	节水
		第三周	节电
		第四周	国家安全教育
5 月	劳动教育月	第一周	劳动之生活自理
		第二周	劳动之分担家务
		第三周	勤俭节约我能行
		第四周	防溺水安全教育
6 月	性教育月	第一周	身体的秘密
		第二周	我的身体不能随便碰
		第三周	我想和你做朋友
		第四周	防性侵安全教育
9 月	文明礼仪教育月	第一周	进校礼仪
		第二周	尊师礼仪、同学间礼仪
		第三周	集会礼仪
		第四周	防暴恐安全教育
10 月	心理健康教育月	第一周	认识情绪、表达情绪
		第二周	挫折与困难
		第三周	相信自己
		第四周	交通安全教育
11 月	感恩教育月	第一周	感谢父母养育我
		第二周	感谢老师教育我
		第三周	感谢同学帮助我
		第四周	感谢学校温暖我

续上表

月份	月主题	周次	周主题
12 月	生命教育月	第一周	认识生命，感受幸福
		第二周	珍爱生命，珍惜幸福
		第三周	保护生命，享受幸福
		第四周	防拐骗安全教育

（二）智——基础学习能力的进步

特殊学生因其个体差异巨大，其能力发展遵循着差异化发展的特征，因此，依托于其能力基础、聚焦于其个人能力纵深发展尤为重要。我们以个案研究为基础，对一定数量的学生进行了精准评估记录和深入量化分析，以考查学生在情绪行为、运动、认知、注意力、语言表达、绘画手工等能力方面的进步情况。以 2017 年广州市特殊教育小课题立项项目统计为例，广州市天河区启慧学校 21 项中 10 项以个案研究的形式开展，如陈晖“自闭症学生学校适应不良的个案研究”、黄琳婷“个人工作系统对提高心智障碍学生认知能力的研究”、王小莉“沙盘游戏对心智障碍儿童同伴交往能力影响的个案研究”、范家玲“通过视频示范教学法提高自闭症儿童语言功能的个案研究”、宋吉美“运动再学习疗法对学龄期重度智障脑瘫儿童的康复效果研究”、周静“应用平板电脑提升培智学生配对分类能力的实践探索”等。以学生的情绪行为管理能力为例，教师通过视频示范的形式对某学生开展个别化教育，行为观察记录显示其离座行为得到控制，离座现象呈下降的趋势，反映出个别化教育与行为管理技术相结合对于提升学生行为控制能力有积极意义（见图 7–1）。

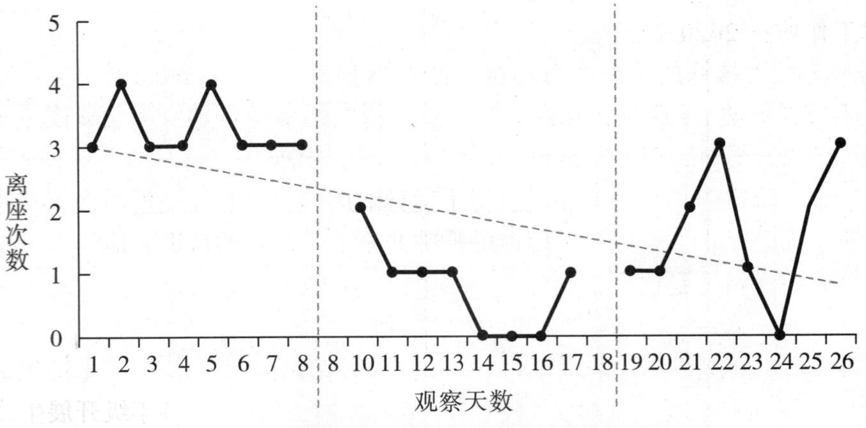

图 7–1　某个案研究数据：某学生离座次数变化

（三）体——特色体育项目的建设

体育在广州市天河区启慧学校个别化课程体系中，不仅仅是作为课程本身的一部分以“运动与保健课”的形式开展，同时还肩负起提高学生自信度、帮助学生融入社会的职能。为了使特殊学生的生活品质得到有效提升，广州市天河区启慧学校先是借由“穗港姊妹校”活动成立了垒球队，后又为配合特奥融合足球项目成立了足球队，并以这两个特色体育项目为主要活动阵地，带领学生通过参加比赛的方式，认识和融入社会，不但提高了他们的自信心、增加了他们接触社会的机会，同时还让主流社会客观地认识了特殊儿童，了解到他们也是社会的一分子，也能享受品质生活。

特色垒球队曾参加省市多级比赛，并获得广州市“高澜杯”垒球友谊赛亚军等优异成绩，且定期与香港姊妹校开展垒球交流活动等；特色足球队曾参加特奥足球项目、特殊儿童足球比赛、融合足球比赛等活动，并多次取得优异成绩。获取佳绩固然欣喜，但同学们在赛场上经历风吹日晒、不惧艳阳雨打、顽强拼搏、努力坚持的意志品质得到锻炼更为难得。

（四）美——兴趣爱好特长的培育

针对不同学生的能力基础和兴趣爱好，学校在充分提供选择的基础上先后组建了合唱队、舞蹈队、水墨丹青书法国画工作坊、综合美术工作坊、戏剧表演社团等，特色能力训练队最大限度发挥学生潜能、拓展学生休闲娱乐方式、促进学生选择和决策能力的萌发，提升对有意义生活的追求意识。一分耕耘，一分收获，目前学校的特长培育已取得了一定的成果。

学生合唱团多次参加各级各类比赛，不但在特殊儿童的竞赛中获得佳绩，在与普通儿童的同台竞争中也表现优异，获得一致好评；舞蹈队的招牌项目“逆光成长”，在广州市天河区中小学生舞蹈比赛中获得优异成绩，并多次受邀参加各类演出；水墨丹青书法国画工作坊在 2019 年首度代表特殊教育学校入围广州市天河区第二届学校美育节艺术实践工作坊展览；综合美术工作坊在 2020 年获得广州市天河区“天河之春”学生美育节二等奖；戏剧表演社团排练的《海底总动员》儿童剧获得广州市天河区中小学生语言艺术节二等奖、《遇见，真好》舞台剧获得广州市特殊学生智慧阅读主题活动一等奖；此外，学生的绘画、手工、书法、国画等作品，多次参加全国、省、市、区等各类比赛，多次获得了优异的成绩。这些佳绩使得大家对特殊儿童，尤其是中、重度智力障碍的特殊儿童有了全新的认识，他们不只是社会帮助和支持的受益方，还可以凭自己的能力做出值得社会认可的成绩。

（五）劳——生活劳动技能的锻炼

劳动技能是特殊儿童生活品质提高的必备技能，为使特殊儿童的生活劳动技能得到有效锻炼，学校依托个别化教育课程，在全校各年级开展生活与劳技课，以课堂教学与训练的方式提升学生的劳动技能。在高年段的生活与劳技课中，教师根据学生的生活与升学需要，有针对性地开展家政训练课，锻炼了学生的家务技能。此外，在周二、周四下午的康复课程中，学校开设了烹饪组与烘焙组，在练习学生专项技能的同时，为其将来有可能进入职教阶段做了基础准备。

在经过生活劳动技能的锻炼后，许多学生都能在家里协助家长完成一些家事劳动，家长多次反馈表扬孩子在家务方面的进步。此外，高年段的学生还参加了市特殊儿童烹饪技能大赛，并获得二、三等奖的好成绩。

二、基建设施文化，学生健康安全得到充分保障

健康安全是特殊学生在校期间学习的保障，同时也是提升学生生活品质的基础。学校依托主题课及班会课，以学年为单位，设计开展并组织实施了系列安全教育课程及应急安全演练，每学年根据制订的安全教育计划实施，旨在通过不断地渗透、练习，提高学生的安全意识，增强教师及学生应对突发状况的反应能力。

除安全教育课程外，学校还制订了“1·5·30”安全提醒教育计划。“1”即每日放学前最后一节课，各当班科任教师结合当下社会动态、季节特点、易发安全事件等因素，对学生进行 1 分钟的安全提醒；“5”即每周末放学前，各班主任对当周的安全情况做简单总结，用 5 分钟的时间提醒学生周末期间应注意的安全事项；“30”即每长假放假前，学校层面组织学生集会，用 30 分钟的时间为学生做专题安全教育。

基础建设方面，为保证学生在校期间的人身安全，学校投入资金在校内建设了无障碍、防冲撞、防护栏等设施设备。校园环境经过改造，符合无障碍标准，且各处拐角、墙壁的凸出部位等容易发生碰撞的地方都包裹了防撞垫，走廊、楼梯间、窗户等均安装了高于 1.2 m 的防护栏，从而在物理环境上确保学生在校学习期间的健康安全。

表 7–2　安全教育学年计划

月份	安全教育主题	应急安全演练	说明
3 月	防火安全教育	消防安全演练	与“开学第一课”结合、与清明防火结合
4 月	国家安全教育	防疫安全演练	安全教育与 4 月 15 日国家安全教育相结合、安全演练开展传染病安全演练

续上表

月份	安全教育主题	应急安全演练	说明
5 月	防溺水安全教育	防震安全演练	安全教育与端午前后汛期安全结合、安全演练配合“5·12”防震抗灾
6 月	防拐骗安全教育	防拐骗安全演练	暑假前防拐骗安全教育、班级组织防拐骗安全演练
9 月	防暴恐安全教育	防暴恐安全演练	与“开学第一课”结合
10 月	交通安全教育	防踩踏安全演练	结合秋季社会实践进行外出交通安全教育与安全演练
11 月	用电安全教育	消防安全演练	配合“119”消防安全日进行安全教育与演练
12 月	防性侵安全教育	食品安全演练	围绕“一号检察建议”开展未成年人防性侵安全教育

三、追踪评估数据，学生社交水平得到有效提升

为检验教学效果，以广州市天河区启慧学校的 33 名学生为研究对象，针对学生入学时、入学三年后进行前后测，运用软件对学生双溪发展性课程评量中沟通及社会技能两个领域的评分进行了配对样本 t 检验分析。由表 7–3、表 7–4 可知，入学时与入学三年后两个领域的得分呈高相关（r_1=0.913、r_2=0.914），且相关检验显著（p 均小于 0.001），说明配对样本 t 检验的结果可信。通过对沟通领域的前后测数据进行 t 检验可见，后测的平均分比前测的平均分高 12.21，前后测结果差异显著（p=0.000<0.05）。通过对社会技能领域的前后测数据进行 t 检验可见，后测的平均分比前测的平均分高 8.27，前后测结果差异显著（p=0.000<0.05）。

表 7–3　学生沟通及社会技能评估数据分析（1）

项目	Mean	N	SD	SE	r	p
入学时沟通得分	40.24	33	23.50	4.09	0.913	0.000
三年后沟通得分	52.45	33	30.38	5. 29		

续上表

项目	Mean	N	SD	SE	*r*	*p*
入学时社会技能得分	21.09	33	13.91	2.42	0.914	0.000
三年后社会技能得分	29.36	33	19.32	3.36		

表 7-4 学生沟通及社会技能评估数据分析（2）

项目	Mean	SD	SE	*t*	*df*	*p*
三年后沟通得分—入学时沟通得分	12.12	13. 13	2.28	5.35	32	0.000
三年后社会技能得分—入学时社会技能得分	8. 27	8.68	1.51	5.47	32	0.000

结果表明，在双溪发展性课程评量中与学生社交水平相关的两个领域——沟通与社会技能，经过三个学年的学习与训练，均得到了显著提高。因此，以生活品质为导向的个别化教育的实施，确实提高了学生的社交能力。

从广州市天河区启慧学校的毕业生中选择 52 名，对其毕业去向追踪显示：16 名同学分别被广州市旅游商务职业学校、广州市康复实验学校、广州市荔湾区外语职业高级中学等职业中学录取，职中升学率高达 30.77%，为其学习一技之长，将来有尊严地融入社会奠定了基础；11 名同学进入天河区相关社区工疗站进行后续学习和工作。这些学生能够最大限度地融入社区、融入社会，在社会参与的过程当中扮演好自己的社会角色，进而收获属于自己的有意义的人生。

第二节 教师专业复合型队伍的锻造建设

学校个别化教育尊重每位儿童的学习起点、学习能力，有不同的学习目标、要求，允许儿童按照自己的学习速度前进。这需要教师采用多种教学方法灵活编选教材，进行教学活动设计与实施，将儿童个别化教育计划目标纳入其中，以满足儿童的教育需求。① 因此，为适应学校“以个人生活品质为

① 张文京，严小琴．特殊儿童个别化教育：理论、计划、实施［M］．重庆：重庆大学出版社，2015：1.

导向的个别化教育”课程建设体系要求，学校重视师资培训、教研、科研建设，积极落实教育教学精致化管理，全面提高教师专业水平，着力打造一支具有现代教育理念、专业过硬和有理想情怀的高素质教师队伍。

一、示范引领，打造复合型队伍

强校必先强师。学校个别化教育探索实践的过程就是全体教师以学促研、以研促教的过程。学校在建立多专业、多层次、多形式的教师培养模式的同时，同步打造了一支业务精湛、科研先行的复合型教师队伍。创校以来，学校始终坚持以提高教师业务能力为抓手，以实现教师专业化发展为目标，依托于平均年龄 30 岁的青年教师团队，搭建多样化学习平台，培养出省级特殊教育专家指导委员会委员 1 人、省级残疾人预防专家 1 人、省五一劳动奖章获得者 1 人、市优秀教师 3 人、市最美教师 1 人、市特殊教育骨干教师 5 人、市特殊教育中心组特约教研员 6 人等，整体推进本校教师队伍建设与发展。

表 7–5　启慧学校近年来师资培养获得荣誉一览表

级别	荣誉	数量	单位
省	特教专家指导委员会委员	1	广东省教育研究院
	残疾人预防专家	1	广东省残疾人联合会
	五一劳动奖章获得省	1	广东省总工会
市	优秀教师、最美教师	4	广州市教育局
	特殊教育骨干教师	5	广州市教育局
	特殊教育中心组特约教研员	6	广州市教育研究院
区	特殊教育骨干教师	10	天河区教育局
	特殊教育核心组、中心组	10	天河区教师发展中心

二、多维度教研，促进专业发展

（一）分组教研——多领域、多层次培养提专业

专业教研组是启慧学校教育教学、教研科研的业务组织，也是教师专业成长的摇篮和基地。为加强教研组建设、规范教研组发展、全面提升学校教

研科研质量，学校根据专业发展需要建设九大专业教研组，教研涵盖学校的IEP课程教学、自闭症教育干预、语言沟通训练、动作康复、艺术调理、情绪行为问题的处理及低、中、高三个年段专业教研组。九大教研组在组长的带领下开展了丰富多彩、既有理论深度又具备实践价值的教研项目，也开发出一系列的教学成果。个别化教育课程教学组为学生课程教学开发出个别化教育的流程表，为每年新教师开展基础培训，提升新教师专业素质；自闭症教育干预、语言沟通训练和动作康复三个专业组为有需要的学生开展相对应的自闭症康复、语言干预和动作肢体康复训练，在实践教学中开发出相应的康复训练课程体系；情绪行为处理组教师针对学生行为问题开展正向行为支持，同时也开发出一套成熟的三级应急处理机制；艺术调理组对培智课程标准中唱游与律动、绘画与手工学科的目标进行细化，整理出学校的学科资源库教学内容参考；低、中、高各年段组开发研讨学校的生活数学课程，为全校教师的各级各类公开课集体备课、评课做好准备，为教师教学提供了强有力的保障。各组在多领域有针对性地开展了本组有特色的专业教研项目，为教师营造了多领域全面的学术教研氛围场，教师经过专业的培养，专业水平得到了全面提升。

表 7-6　2021—2022 学年第一学期学校专业教研组基本情况一览表

专业教研组	组长	成员组成	主要教研内容	主要教学成果
自闭症教研组	徐斯嘉	对自闭症学生干预训练感兴趣、有需求的教师	社交故事等干预方法、自闭症康复课程的开发	自闭症康复课程
课程教研组	苏倩欣	每班班主任（正、副）1 人、新入职教师	国家课标的研读，15 节公开课的集体备课、评课	学校个别化教育流程及优化
情绪行为处理教研组	黄琳婷	对学生行为问题处理感兴趣、有需求的教师	行为处理中干预策略的制定、个案学习小组	三级应急处置机制的构建
语言训练教研组	曾洁欣	对语言训练感兴趣、有需求的教师	语言评估表的修订，2 节公开课的集体备课、评课	语训康复课程

续上表

专业教研组	组长	成员组成	主要教研内容	主要教学成果
艺术调理教研组	李淑贤	艺术相关课程教师、对艺术调理感兴趣的教师	艺术类相关培训的普及，3节公开课的集体备课、评课	唱游与律动、绘画与手工资源库
动作康复教研组	周志强	体育、康复相关课程教师，对运动康复感兴趣的教师	大课间的编排、运动会的组织	知动康复课程
低年段专业教研组	王偶偶	一至三年级生活语文、生活数学、生活适应与劳动技能学科教师，其他学科教师	生活语文、生活数学、生活适应与劳动技能学科公开课的集体备课、评课	公开课集体备课 学科研讨 生活数学大纲 2.0
中年段专业教研组	陈艳丹	四至六年级生活语文、生活数学、生活适应与劳动技能学科教师，其他学科教师	生活语文、生活数学、生活适应与劳动技能学科公开课的集体备课、评课	公开课集体备课 学科研讨 生活数学大纲 2.0
高年段专业教研组	陈均丽	七至九年级生活语文，生活数学、生活适应与劳动技能学科教师，其他学科教师	生活语文、生活数学、生活适应与劳动技能学科公开课的集体备课、评课	公开课集体备课 学科研讨 生活数学大纲 2.0

（二）公开课——多平台、多级别打磨促提高

教育教学技术和水平是教师发展的重要基础，学校致力于提升教师的教育教学水平。公开课是教师相互学习的有效方式，是学校、教研组和教师个人教育教学水平与成果展示的主要平台，是教研活动的重要形式。因此，广州市天河区启慧学校制定了《天河区启慧学校公开课管理办法》，同时配套开发公开课备课记录、听课人员记录和听课反馈表，确保公开课均按照集体备课、磨课、上课、评课等流程开展；规范公开课授课、听评课制度，落实启慧学校公开课管理制度和要求，组织全体在职教师开设相应科目的公开

课，以课前集体备课、课后集体评课的形式提升了学校教师的教育教学水平。同时，学校鼓励教师积极承担市区级公开课，以市区平台为载体，进行集体备课、研讨，厘清学科知识逻辑、学科教学方法策略，加强不同学科间的教学研讨，进一步提升全体教师教育教学能力和教学水平，促进高效课堂教学。通过多年的实践证明，公开课为教师的教学研讨和经验交流搭建了平台，有助于优化教师队伍，促进教师快速成长，对提高教师的课堂教学技能和课堂教学质量起到了重要作用，使教师的教育教学能力得到更快的发展。

表 7–7 启慧学校示范性市区级公开课开展情况

级别	学科	教师	教学内容	效果
市级	生活适应	苏倩欣	《我会洗内裤》	市级 优
市级	生活适应	韩爱菊	《我会贴卫生巾》	市级 优
市级	生活语文	郭敏	《好吃的西瓜》	市级 优
区级	生活语文	苏倩欣	《我会照顾家人》	区级 优
区级	生活语文	李小静	《我会照顾家人》	区级 优
区级	生活数学	叶叶秀	《认识 5》	区级 优
区级	生活语文	苏倩欣	《天河公园》	区级 优
区级	生活适应与劳动技能	邹秋莲	《我会收快递》	区级 优
区级	生活数学	黄琳婷	《使用人民币》	区级 优
区级	生活数学	赵嘉亮	《比较十以内数的大小》	区级 优

（三）同课异构——跨区域联合教研提素养

课程实施以来，学校致力于寻找增效的课堂模式和教研方式。其中“同课异构”教研模式就是在课程改革的新形势下提升教学质量和教师专业素质的一种新的教研方式。异地教研、同课异构能够为不同区域的教师搭建一个展示自己才华的舞台，通过多地教师的共同研讨，各自能取长补短，提升教师业务水平，提高课堂教学效果，特别是跨省的同课异构，更能吸收彼此先进的理念，开阔视野，大开思路，使两地教师通过同课异构都能大有收获，自增教学内功。2019 年起，学校开展校内同学科同课异构教研模式，市内与白云区联手打造“云河手拉手”项目，省外与贵州省大方九中、大方特校等多地开展跨区域同课异构教学研讨，从同课异构的教学目标、教学内容、教学重难点、学练氛围、成长平台等多方面进行了探讨，使得课堂教学更加丰富、教学效果更加高效，教师与教师之间的互相交流产生了有益的“互补共振效应”。

表 7–8　启慧学校同课异构公开课开展情况（部分）

区域	年段、科目	授课教师	授课班级	授课内容	综合评价	邀请专家
跨省送课	绘画与手工	柯楚玲	二年级 1 班	花开月圆——有趣的拓印	优	周洋 朱栋
	唱游与律动	李淑贤	四年级 1 班	流淌的旋律	优	
	运动与保健	徐雯雯	六年级 1 班	趣味棒垒球	优	
	生活语文	曾洁欣	六年级 1 班	江雪	优	
跨区	康复个训	徐斯嘉	一年级 2 班	冲关我最棒	优	冯冠佳 黄丽樱
	康复个训	范家玲	一年级 2 班	丰收的农场——我会说“瓜”和“果”	优	
区级	低年段生活数学	王偶偶	一年级 1 班	认识数字 2	优	金雅芳 周峰 刘瑞珍
		韩爱菊	二年级 1 班	认识数字 2	优	
区级	中年段生活语文	苏倩欣	六年级 1 班	我长大了	优	金雅芳 房燕 王永慧 欧小玲
		李小静	六年级 2 班	我长大了	优	
校级	高年段生活数学	陈均丽	八年级 2 班	千以内数的认识	优	金雅芳 陈艳梅 曾照庭
		毛惠杨	七年级 2 班	万以内数的认识	优	
校级	中高年段唱游与律动	李雅君	四年级 1 班	慢慢飘下来	优	金雅芳 胡健
		谭莎	八年级 3 班	踏雪寻梅	优	

三、以课题引领科研，凭科研带动发展

科研先行的理念是打造复合型教师队伍的核心要素之一。广州市天河区启慧学校将教育科研和课题研究作为提升教师专业素养、提高课堂教学效

率的有效途径。学校鼓励教师加强以研促教、以教促研的理念，重视课题研究，善于发现教学中的问题并以课题研究的形式聚焦问题并解决问题。近年来学校有多个课题立项、结题，促进了教学质量和教师的教科研水平的提升。

表 7–9　启慧学校近年来课题研究情况汇总表

<table>
<tr><th>级别</th><th>课题类型</th><th>数量</th><th>课题研究方向</th><th>单位</th></tr>
<tr><td>省</td><td>专项课题</td><td>3</td><td>学校基础性课程实施、康复训练课程、STEM 教育专项研究课题</td><td>广东省教育研究院</td></tr>
<tr><td rowspan="3">市</td><td>教育规划</td><td>2</td><td>学生情绪管理、结构化教学</td><td>广州市教育局</td></tr>
<tr><td>心理健康教育</td><td>1</td><td>戏剧教育</td><td>广州市教育局</td></tr>
<tr><td>特殊教育小课题</td><td>73</td><td>学校教育教学、个案干预</td><td>广州市特殊教育委员会</td></tr>
<tr><td rowspan="2">区</td><td>教育规划</td><td>9</td><td>行为问题干预、运动康复课程
语言沟通、作业治疗、环境生态课程</td><td>天河区教育局</td></tr>
<tr><td>教育规划小课题</td><td>1</td><td>心理健康</td><td>天河区教育局</td></tr>
</table>

（一）深入开展课题研究，助推学校内涵发展

广州市天河区启慧学校的教育规划课题研究一定程度反映了学校教师科研水平现状，也是促进学校可持续发展的策略之一。在省、市、区科研部门的具体指导下，学校科研工作取得一定的成绩。学校结合自身特点，立足学生发展，先后申报省专项课题和市、区级教育规划课题共 17 项，如李娜校长主持的《培智学校基础性课程实施路径的实践研究》、广东省教育厅特殊教育内涵建设示范项目《特殊儿童个别化教育的实践模式》等。教师团队获得省、市、区级规划科研课题项目 15 项，发表论文 30 余篇，拟出版专著 1 部，教师科研能力和素养得到发展，论文撰写水平获得提升，教科研效益不断彰显。

表 7-10 启慧学校规划课题汇总表

规划课题名称	级别	主持人	研究阶段
培智学校基础性课程实施路径的实践研究	广东省教育研究院特殊教育专项课题	李娜	已结题
基于国家课标的自闭症学生康复训练课程的实践研究	广东省教育研究院特殊教育专项课题	徐斯嘉	已结题
STEM 教育理念下培智学校主题活动课教学设计与实施的行动研究	广东省教育研究院 STEM 教育专项研究课题	周静	在研阶段
特殊学生情绪管理研究——以启慧学校为例	广州市教育规划一般课题	李娜	已结题
自闭症学生结构化教学模式的应用研究——以特殊学校例行活动为例	广州市教育规划专项课题	黄琳婷	在研阶段
智力障碍学生戏剧教育实践研究	广州市心理健康规划一般课题	陈晖	已结题
特殊儿童挑战性行为处理机制的构建	天河区教育规划一般课题	李娜	已结题
视频示范对自闭症学生行为问题的干预研究	天河区教育规划一般课题	周静	已结题
在培智学校运动康复课程中运用知动发展理论提高学生相关能力的实践研究	天河区教育规划一般课题	李伟	已结题
活动本位 AAC 介入方案增进智能障碍学生沟通能力的研究	天河区教育规划一般课题	张燕	已结题
在培智类学校开发作业治疗课程的实践研究	天河区教育规划一般课题	宋吉美	已结题
特殊学校戏剧教育的实践研究	天河区教育规划一般课题	陈晖	已结题

续上表

规划课题名称	级别	主持人	研究阶段
通例教学方案对初中阶段重度智能障碍学生社区购物技能训练之成效的研究	天河区教育规划一般课题	理丽娜	结题阶段
基于国家课标的培智学校环境生态课程的实践研究	天河区教育规划一般课题	叶叶秀	结题阶段
核心素养视角下智力障碍儿童抗挫折能力培养研究	天河区教育规划一般课题	王偶偶	结题阶段
康教结合在学龄期脑瘫学生体育教学中的应用研究	广州市教育学会课题	宋吉美	已开题
家校合作促进优秀班级建设的实践研究	广州市教育学会课题	宋吉美	已开题

（二）扎实开展小课题，深入研究促提升

随着教师参加课题研究的积极性不断增加，全校教师科研意识明显增强。学校小课题研究本着立足课堂、人人参与、稳定推荐的原则，具有周期短、见效快、易操作的特点。教师将在教学实践过程中发现的小问题转化到小课题中去研究，能比较好地解决教育教学中的具体问题。同时，学校鼓励、支持教师积极开展特殊教育小课题的研究。近年，学校每年参与特殊教育小课题立项课题数量至今保持约 20 项，通过“实践反思—理论学习—行动研究—案例积累—提升实践”，采取个案研究和群体协作研究两种模式，使小课题研究真正做到实处。小课题研究已成为学校教师科研进步的重要平台，通过扎实开展课题实践，教师在不断发现问题、提出问题、解决问题、反思总结的行动研究过程中，提高了科研能力，实现了专业成长。

表 7–11　近年来启慧学校申报广州市特殊教育小课题的获奖情况汇总表

年度	申报立项书	结题数	获奖
2017 年度	21 项	19 项	一等奖 2 项、二等奖 10 项、三等奖 7 项
2019 年度	19 项	21 项	一等奖 2 项、二等奖 2 项、三等奖 4 项
2020 年度	13 项	13 项	一等奖 1 项、二等奖 2 项、三等奖 3 项

四、硕果累累，实践成效显著

学校积极搭建实践平台，将教育教学与比赛实践相结合，鼓励教师将教学成果融入实践工作中，多渠道培养教师的专业能力，鼓励教师积极参与各类竞赛、努力提升教学质量。学校鼓励教师参与各类专业和教学赛事，以赛促教、以赛促学、以赛提能；积极搭建教师竞赛平台，为教师专业技能的持续发展提供空间和条件，有效促进教师综合素质、专业化水平的全面提升。在学校指导下，教师团队的教学能力、综合素养和成果提炼的能力显著提升。教师在教师技能大赛、教育教学信息化大赛、一师一优课、学校课程建设优秀成果评选、成果征集与培育活动等活动中多次获奖，成效显著。

表 7–12　启慧学校近年来教师比赛、成果获奖次数

级别	赛事活动	获奖次数	颁发部门
国家	教育教学信息化交流活动	4	中央电化教育馆
省	教师基本功大赛、成果征集、个别化教育论文	23	广东省教育厅 广东省教育研究院
市	特殊教育论文、个案成果、特殊教育的广州模式	43	广州市教育研究院
区	教师基本功大赛、特殊教育需要儿童教育案例	33	天河区教师发展中心

（一）以赛促教，切实提升教学专业素质

为提升教师专业素养、强化教师的教学设计能力、改进教学方法与手段、推进项目课程改革，学校搭建教师教学经验交流和教学风采展示平台，重视以比赛为平台锻炼和提升教师综合发展，努力为教师发展搭建平台，鼓励教师钻研课堂，研讨教育教学策略与方法，聚焦提升教学能力和水平。同时，学校以广东省青年教师教学能力大赛为契机，组织开展青年教师教学能力比赛，全面锻炼青年教师的教学能力，切实提升青年教师的专业素养和业务水平。2019 年，广州市天河区启慧学校陈晖老师凭借扎实的基本功、精彩的表现赢得评委和观众的认可，获得第一名的好成绩，并获得广东省五一劳动奖章荣誉，黄琳婷、叶叶秀老师分别获得二、三等奖；2021 年，叶叶秀、苏倩欣、邹秋莲 3 位教师获得广州市青年教师技能大赛一等奖。教师们以饱满的热情展示教学风采、交流教学方法、切磋教学技艺、积累教学经

验，彰显了学校青年教师注重基本功培养、教学理念与时俱进、教学内容和形式创新的良好职业素养。

（二）以赛促学，切实提升教师专业技能

为积极推进学校教学质量诊断与改进工作、提升教师的教学能力和教学质量、助力教师专业化成长，学校重视以比赛为契机带动教师专业技能的提升，为教师发展搭建平台，增进学校教师互相学习交流，展示教师团队团结协作的成果，提升教师的科研积极性和研究反思能力，鼓励教师积极参加各类比赛，提升自己的教学科研能力。教师的教学论文在《课程教育研究》《新课程研究》等期刊发表，学校教师的教学课例在国家级教育教学信息化大赛中获得一等奖、学校课堂教学课例在省级平台展示，市级课例获奖年均在 10 项以上。以比赛促进教学，学校为教师搭建教学研讨和经验交流平台，助推教师教学创新，加强科研与教学深度融合，切实提高教师的教学能力和教学水平，着力打造一支高素质、专业化的教师队伍，以此带动学校教育教学质量的整体提升。

表 7–13　启慧学校近年论文、课例相关获奖情况

序号	类型	作者	内容、形式	数量	完成年月
1	特殊教育教学论文	周静等 47 人次	论文	32 篇	2022 年 3 月
2	广东省特殊教育学校优秀个别化教育研究论文	黄琳婷等 31 人次	论文	14 篇	2020 年 1 月
3	课件、课例	周静等 3 人次	全国教师教育教学信息化交流活动	3 件	2018 年 11 月
4	课堂教学课例	李伟等 27 人次	广东省计算机教育软件评审活动	11 项	2017 年 12 月
5	课堂教学课例	苏倩欣等 9 人	广东省“一师一优课”晒课活动	9 项	2018 年 12 月
6	课堂教学课例	王偶偶等 62 人次	广东省计算机教育软件评审活动	34 项	2017 年 12 月

（三）以教学提炼成果，切实提升教育教学成效

学校重视教育教学资源转化，落实比赛与教学有效衔接，注重提炼教育

教学成果，强化专业技能训练，切实提升教育教学成效，充分发挥教师教学能力比赛引领作用，切实提高学校教师专业教学能力和提升教育教学质量。如李娜校长参与培智学校义务教育生活数学三、四年级教材的编写，陈晖主任参与多本书籍的撰写。同时，学校教师先后获得广东省级特殊教育学校教学成果交流活动一等奖、广东省特殊教育学校个别化教育研究成果一等奖、广州市特殊教育个别化课程建设成果和个案研究成果一等奖等多项荣誉，充分展现了教师专业化发展的成果。

表 7–14　启慧学校近年与成果相关的获奖情况

级别、类型	成果名称	项目内容、单位	人次	获奖、应用情况
教材编写	《培智学校义务教育实验教科书——生活数学》	参与《生活数学》三年级下册、四年级上册的编写	李娜（参与编著）	培智学校国家教材，在全国培智学校使用
书籍编写	《特教课改10年——广东省特殊教育学校课程建设优秀成果》	参与书籍的撰写	陈晖（参与编著）	特殊教育专业书籍，主要运用于特殊教育专业学习和实践参考
	《基于新课标理念的特殊教育课堂教学案例评析》	参与书籍中艺术休闲部分的撰写	陈晖（参与编著）	特殊教育专业书籍，主要运用于特殊教育专业学习和实践参考
省级	《特殊学校生活品质导向的个别化教育实践模式的探索》	广东省特殊教育教学成果交流	李娜等6人次	一等奖1项
	《以个人生活品质为导向的个别化教育——广州市天河区启慧学校基于国家课标的实践成果》	广东省特殊教育学校个别化教育研究优秀成果	李娜等5人次	一等奖1项

续上表

级别、类型	成果名称	项目内容、单位	人次	获奖、应用情况
省级	《天河区启慧学校个别化教育计划》	广东省特殊教育学校个别化教育经验成果	李娜等5人次	一等奖1项
	优秀个别化教育研究案例名单（教师）	广东省特殊教育学校优秀个别化教育研究案例名单	张燕等23人次	一等奖2项、二等奖3项、三等奖3项
市级	广州市特殊教育个别化课程建设优秀成果（学校）	广州市教育学会个别化课程建设优秀成果	陈晖	一等奖1项
	广州市特殊教育个别化课程建设优秀成果（教师）	广州市教育学会个别化课程建设优秀成果	叶叶秀等11人次	一等奖1项、二等奖3项、三等奖2项
	广州市教育学会特殊学生个案研究成果征集和评选	广州市教育学会	苏倩欣等29人次	特等奖2项、一等奖6项、二等奖5项、三等奖10项

第三节 学校个别化教育管理的推广及效果

广州市天河区启慧学校自2012年建校以来，一直致力于推动学校个别化教育的发展，按照学懂、弄通、做实的要求，深入推进个别化教育在学校的日常教学、康复调理、潜能开发等方面的贯彻，不断提升学校个别化教育的科学化、规范化水平。在学校“以生活品质为导向的个别化教育”顶层设计、系统建构、有机运行、一体推进的过程中，学校教育教学水平稳步提升，取得了一系列成果，积累了丰富的实践经验，同时学习注重对个别化教育实践成果的研究阐释和宣传普及，示范引领价值逐渐凸显。

一、体系化运作模式，业界认可

自广州市天河区启慧学校创办发展至今，建立了“六步推进”的个别化教育实施模式、“主题整合”的个别化教育教学模式、“三位一体”的个别化教育运行机制。在多年的办学历程中，学校建立了完整的职能部门和高效的教育教学管理架构，先后获得广州市高水平教师教育实践学校、“优秀组织奖”、“好教师”等荣誉，并与华南师范大学、广州大学、广东省第二师范学院等高校建立学研训实习基地。学校个别化教育相关成果获得各级各类奖项 10 余次，并受邀在粤港澳大湾区特殊教育教研协作共同体学术年会、广东特殊教育教师教科研能力提升研讨活动、广州市教育研究院个别化教育研讨会等学术会议上做成果介绍和品牌推广，教育部门、高校专家、特教同行对本成果的理论和实践效果给予高度评价和肯定，个别化教育的运作模式得到业界广泛认可，并在迁移推广中焕发活力。

图 7-2　启慧学校个别化教育推广分享（部分）

学校实践个别化教育的过程也得到各级行政部门与新闻媒体的广泛关注。广东省教育厅、广州市教育局领导先后多次来校调研特殊教育办学情况，听取李娜校长对学校课程改革进程和个别化教育开展情况的汇报，充分肯定学校的办学成果，并提出将启慧学校“品质生活”导向、科研兴校作为广州市特校发展的范本大力推广。近年，广州日报、信息时报、现代教育 TV、广州广播电视台、广州天河教育、广州教育研究等多家新闻媒体和教育行政部门对学校先进经验和办学成果进行了多次专题报道和广泛传播，产生良好的社会反响。

二、开放性经验交流，携手并进

为进一步深化学校教育开放，助力学校快速发展，推动特教学校建设再上新台阶，促进兄弟单位之间经验交流和学习，学校充分发挥先锋作用，立足于生态化、开放性交流，搭建起了“同交流、共提升”平台，构建共同增效的管理体制，促进教育教学思想的融合、共享和传播。学校以学生个别化教育发展为宗旨，围绕学校教育教学工作重点积极开展交流学习。学校秉持开放办学、交流的格局，近年来累计接待来自中国7省11市的专家、特殊教育同行、教育行政部门、研修班的领导教师到访考察交流，贵州、山西、陕西、广东廉江、广东汕尾、广东顺德等20余所兄弟学校深入了解广州市天河区启慧学校个别化教育推进经验，借鉴教学改革、办学模式等方面经验，并形成了资源共享、长期交流的友好关系，学校的教育影响力持续扩散。

图7–3　启慧学校个别化教育交流（部分）

三、应用性实践经验，辐射推广

广州市天河区启慧学校作为广州市天河区公办培智特殊教育学校，在专业辐射方面也敢于担当。该校以教育帮扶、结对发展的形式与其他学校开展深度合作，秉承学思用贯通、知信行统一的原则，充分发挥自身优势，为各地实施个别化教育做出了示范案例，促进了兄弟学校的发展。2017—2019年，广州市天河区启慧学校受学前教育指导中心邀请，开展广州市天河区特殊儿童学前融合项目，以网络教研入园指导专题讲座的形式，为区内幼儿园学生提供专业指导，为制定和实施学前特殊儿童个别化教育提供专业支持，促进本区学前融合教育的发展。2020年，为促进优质资源的交流共享，学校以教育帮扶、结对发展的实践形式，前往贵州省毕节市大方县大方特殊教育学校、大方第九中学开展教育扶贫工作，个别化教育的运行模式分别在贵州省黔南州平塘县、毕节市大方县特殊教育学校等省外学校迁移落地、孵化实践。2021 年，学校承担与广州增城、湛江廉江特校开展个别化教育支援帮扶，促进增城致明学校、湛江特殊教育学校的课程建设，带动天河区御景小学参加广州市精品课程申报，促进普通学校特教班的课程发展，进一步发挥优质教育资源的辐射带动作用，推动教育均衡发展。

图 7–4　启慧学校个别化教育辐射推广

经过多年实践，学校个别化运作模式不仅在业界得到广泛认可，品牌影响力也持续提升。学校充分发挥自身优势，用专业为其他地区的教育发展提供力所能及的帮助，通过内外推广辐射，助力特殊教育的持续发展，加快特殊教育事业发展步伐。

表 7–15　启慧学校教师推广与应用情况（部分）

推广与辐射项目	范围	形式	次数	效果
经验介绍	粤港澳大湾区特殊育教研协作体、省市区教育研究院、学前指导中心	办学介绍 课程建设 成果推广	10	个别化教育的运作模式得到业界广泛认可，并在迁移推广中焕发活力
参访交流	7 省 11 市特教学校	校园参访 课堂观摩 教师座谈 分享讲座	20	借鉴教学改革、办学模式等经验，形成了资源共享、长期交流的友好关系，学校教育影响力持续扩散
实践经验推广	帮扶：2 市 6 校 10 园	送课帮扶 教学研讨 教师座谈 专题讲座 走访慰问	5	发挥优质教育资源的辐射带动作用，进一步推动教育均衡发展，开展深入交流和帮扶活动，助力特殊教育的持续发展

第八章 学校个别化教育的方向与展望

第一节 创新与价值

一、提出生活品质导向的理念引导个别化教育

党的十九大首次提出高质量发展的新表述，高质量发展是适应经济发展新常态的主动选择，是贯彻新发展理念的根本体现。经济的高质量发展必将推进教育的高质量发展，推动教育适应社会主要矛盾转变后的新时代要求，解决教育发展不平衡、不充分的突出问题。党的十九届五中全会提出“改善人民生活品质”的重点任务，将人民美好生活的质量要求，从国家战略高度进行重视和保障。广州市天河区启慧学校个别化教育“生活品质”导向的理念符合党和国家“改善人民生活品质”的深刻要义，是特殊教育领域切实提升学生生活的丰富内涵，提升生活标准与水平、追求生活满意度的载体。

长期以来，生活自理似乎是培养中度和重度智力障碍、自闭症、脑瘫、多重残疾等特殊学生的主要期望，人们往往只看到障碍限制，却没看到权利、尊严。而个别化教育关注个体差异、满足个性需求，给予了每一个学生不同教育起点、不同教育速度和不同发展目标，让教育更加公平、更加均衡、更有质量、更多选择、更具特色。广州市天河区启慧学校着眼于学生需要层次的满足、生涯发展的规划，提出了个别化教育生活品质导向的理念，旨在促进智障学生对美好生活的追求，给予学生幸福的能力，让每一个学生在学习历练中都享有优质教育资源和人生成长的福祉，让每一个学生都能共

享经济增长、社会进步的成果。特殊学校生活品质导向的个别化教育实践，既关注特殊儿童的能力和进步，也关注其权利和尊严，是学校学生安全感、获得感、幸福感持续提升的保证。

二、“六步推进”机制保障个别化教育实施

个别化教育在国内的推行已经走过了 30 余年。虽然理念的宣传和理论性的策略研究已取得大量的研究成果，但实践层面对个别化教育的系统构建、每个环节的具体操作等仍缺乏品质。① 个别化教育的推行路径目前没有操作性的范式，基于理论完整性的个别化教育计划往往程序复杂、操作困难、难以坚持。个别化教育计划形成以每一个学生为单位的“一人一案”的 IEP 档案册，而实际的教育教学过程却以班级集体教学的形式来开展，这两者之间的不对接导致了个别化教育计划的实施落地艰难。

广州市天河区启慧学校基于学生生活品质为导向的个别化教育实践模式，加强了个别化教育实践性和系统性运行模式的建设，构建“收集资料—评估—研讨—拟订—实施—评价”六步推进实施模型和“动力、保障、协调”三位一体运行机制，为个别化教育在特殊学校的落地实施提供了实践模式和操作范本。六步推进实施模型和三位一体运行机制，精简了个别化教育计划从制订到在教学中汇总、落实的流程，实现了个别化教育计划与日常教育教学的精准对接，为个别化教育计划落实到教师日常的教育教学中提供了精确保障，使个别化教育计划既不增加教师工作量，又能指导教师以学生的个别化教育目标为纲开展教学。同时，六步推进模式和三位一体运行机制为个别化教育的理论完整性和现实操作性找到了平衡点，既满足了学生的个体需要，又不增加教师过多的文案负担，真正让学生的个别化教育计划成为教师教育教学的纲领，真正做到促进每一个学生的适当发展，在实践层面提升了个别化教育计划的品质。

三、主题整合的教学模式提升个别化教育功能

基于《培智学校义务教育课程设置实施方案》“分科课程与综合课程相结合”的要求以及学生特点及师资特点，广州市天河区启慧学校整合了分科教学和主题教学的优势，开展了“跨学科主题整合”教学模式。教学内容方

---

① 张文京，严小琴．特殊儿童个别化教育：理论、计划、实施［M］．重庆：重庆大学出版社，2015：18.

面，学校以国家课程为纲、校本课程为依托，实现国家课程与校本课程的相辅相融、有机重组；教学形式方面，学校以国家课程的学科教学逻辑为纲、主题整合教学功能性为依托，实施跨学科主题整合的教学形式，既符合学科能力发展的递进特征、贴合生活情境需要，又减少特殊学生知识迁移应用难度，提升了个别化教育的功能和效果。

第二节 方向与展望

自 2012 年 9 月开始，广州市天河区启慧学校的个别化教育在学校高度重视和全体教师积极投入、热情参与的基础上扎实紧凑地推进，取得了一定成果。在充分肯定成绩的同时，我们也要清醒看到存在的问题。主要问题有：部分青年教师对学校个别化教育的理论学习不深、不透、不系统，学用脱节，运用个别化教育推动教育教学质量提升的能力不足；个别化教育计划编制过程效率不高，增加教师文案负担，档案保管容易遗漏，转衔工作对接困难；等等。学校进一步将个别化教育保持常态化，形成长效机制，坚持善始善终、善作善成，真正把个别化教育落到实处，还有长期的路要走。

一、依托信息技术，提高个别化教育计划编制效率

信息技术发展、教育信息化、信息技术与教育深度融合是大势，具体到个别化教育计划的编制亦是如此，而借助信息技术提高个别化教育的效率是学校创新个别化教育的重要手段。学校立足于本校信息技术教师的专业团队，自主研发和编写广州市天河区启慧学校《IEP 数据管理系统》的征程已经开启，借助信息技术手段将个别化教育计划的编制信息化、智能化、标准化、共享化，以探索学校个别化教育轻负高效的长效机制。

（一）个别化教育计划编制信息化

目前，学校个别化教育计划编制主要包括资料收集、教育诊断与课程评估、优弱势分析与教育安置、长短期个别化教育目标的拟订、个别化教育计划的实施和评价等环节。现阶段编制主要依靠 Word 做文本记录，用 Excel 做数据分析，或使用在线表格进行统计，这样的方式虽然也能完成任务，但同时也存在工作量大、效率低、数据共享不便、滞后等一系列问题，更因实践过程中数据量大、操作繁杂、数据对比困难、难以把握班级教育重点等情

况，使得实施环节的教学设计和教案撰写与个别化教育计划内容割裂脱节。《IEP 数据管理系统》可以使个别化教育计划编制信息化，显著提升工作效率。比如：资料搜集环节，建设资料共享平台，指派相应权限，所有拥有权限的教师都可以对特定学生资料进行查看、编辑，以往的档案资料均可追溯，过往教育诊断结果一目了然，解决了传统资料共享模式更新慢、查看难、数据丢失的难题。

（二）个别化教育计划编制智能化

随着人工智能和大数据技术的发展，智能教育的推送和建议可以为个别化教育计划的制订提供参考。《IEP 数据管理系统》在教育诊断、课程评估、IEP 目标达成分析等环节利用人工智能算法对历史数据进行分析，根据学生基本资料（年龄、性别、障碍类型、程度）智能生成教育诊断、课程评估等，IEP 制定者以此为参考，在此基础上进行二次评估诊断，形成完备的、符合学生实际情况的诊断评估数据，二次评估的数据再纳入智能分析数的数据源，进一步完善智能评估的精准性，如此形成一个良性循环，建立一个良性生态。这一系统既提高了评估数据的准确性，也减轻了教师的工作量，让教师有更多的精力放在学生分析和教学实践上，有更多的时间去打磨课堂。

（三）个别化教育计划编制标准化

利用信息化手段统一、规范个别化教育计划编制的流程，改变不同班级、不同教师、不同模式的现状，克服个别化教育计划的编制依托于教师的专业基础和实践经验而呈现出来的品质良莠不齐的问题。《IEP 数据管理系统》内置学校个别化教育计划编制的标准化流程，操作界面清晰简洁，便于教师理解操作。同时，学校将继续加大力度投入对个别化教育理念、推进步骤等重要内容的深入培训，使教师知晓个别化教育的流程、理解个别化教育的内涵，真正做到“知其然知其所以然”。

（四）个别化教育计划编制共享化

《IEP 数据管理系统》让个别化教育计划的数据存储、运行能力全面提升，实现了学生、家长、教师之间的信息整合、交换、共享无障碍。以个别化教育计划长短期目标的汇总为例，《IEP 数据管理系统》让数据横向与纵向联系更密切。横向看，各个流程之间、学生与学生之间、班与班之间数据提取与分享非常方便，只需点击相应班级、相应学生、相应表格即可呈现。纵向看，同一班级、同一学科、同一学生在不同学期的数据，也可以清晰呈现、前后对比，对学生的成长形成完整的记录，进而对学生的成长进行更深入的分析。

二、构建智能教育场景，促进个别化教育课堂变革

信息技术的快速发展，也为教育行业带来了变革的机遇。教师在教学时注重利用网络资源授课，有利于提高学生的积极性和关注度，特别是制作精良的微课等教育资源，有助于深化学生对知识、方法、技能的理解，更有助于学生身体力行地参与到实践中去。

（一）特殊学校智能教育场景构建的必要性

在特殊学校的课堂教学中，传统的照本宣科、生硬的环境嫁接、固化的经验获得等课堂转型升级的瓶颈，成为时代发展过程中每一位特殊教育教师不得不面临的问题，而人工智能技术无疑为课堂教学模式变革升级提供了全新的思路。以用电安全的教育为例，若教师仅仅以视频、动画、图片、语言等形式营造如湿手碰触插座会引发漏电危险的场景，因不安全操作与危险后果的直接关联性不明显，特殊学生很难掌握应用。而 AI 虚拟现实、增强现实技术可通过现实与虚拟的结合，将危险性的触电场景等教育内容进行逼真呈现，同时可进行场景对话式语言学习，在屏幕上把虚拟世界套在现实世界并进行互动，让学生们可以完全沉浸在经验学习的体验之中，从而全面提升教学效果。

（二）特殊学校智能教育场景构建的技术支撑

人工智能促进传统教育模式的变革，推动教育信息化转型升级势在必行。目前，人工智能与教育融合存在诸多困难和瓶颈，其中技术门槛就是很重要的一条。掌握人工智能需要很多专业知识，如特征提取、神经网络、深度学习等，同时，也需要一定的数学知识，如线性代数、微积分、概率统计等。教师想要深究人工智能的算法和模型的建立、训练及改进难度很大。因此，教师迫切需要找到合适的切入点来解决这一难题。各类 AI 开放平台的出现和迅速发展使解决这一难题成为可能，以某 AI 开放平台为例，该平台提供了支持不同功能的 API 开放接口，用户在开发相应智能应用时，直接调用平台功能模块就可以实现相应的人工智能技术，而不必耗费太多的时间和经历去研究智能算法和模型建立，为人工智能在基础教育的推广提供了技术支撑。

（三）特殊学校智能教育场景构建的策略

以某 AI 开放平台为技术支撑，教师在教学时，将人工智能技术中的 AR 与 VR 技术、人体与人脸识别、语音识别、图片识别，以及云计算、存储技术和智能多媒体平台、智能大数据平台应用于特殊教育的课程教学方案中，

从教学情境的创设、教学内容形象化、沟通对话、教学反馈等方面为学生呈现出一个全新的智能教育场景，变革传统教育模式，推动教育信息化转型升级。

1. AR 或 VR 在教学情境创设中的应用

AR（增强现实技术）是一种借助计算机图形、可视化等技术，将虚拟信息叠加到真实环境中，从而达到超越现实的感官体验的数字化技术，这一技术可将抽象的文字或平面图片立体、形象地呈现出来，并可实施互动。[①]在实际的教学应用中，教师可以依托 AR 平台，在课堂教学中充分利用 AR 人机交互有丰富特效场景等优点，创设符合教学需要的真实情境，让一些虚拟、抽象的教学内容得以呈现。如：生活语文课程中对古诗词的教学部分，由于古诗词距今时间久远，学生难以理解其营造的优美意境、表达的真实情感、保留的智慧启发等，而借助 AR 技术，可以将其中的意境进行可视化呈现，让学生仿佛置身于作者创作诗词的时空中，对理解诗词有极大帮助。以《培智学校义务教育国家课程标准（2016 版）》生活语文教学内容古诗《江雪》为例，借助 AR 技术营造出“大雪纷飞、天寒地冻的环境中，一位渔翁不畏严寒、敢斗风雪、孤独垂钓”的情境，同时通过摄像头并借助人脸与人体识别技术中的人像分割与人脸融合技术将学生的真实形象与渔翁形象进行融合，让学生在扮演渔翁的过程中体会诗词传达出的严酷冷清的意境和自己孤独不屈的情感。

VR（虚拟现实技术）主要是依赖于三维实时图形显示、三维定位跟踪、触觉及嗅觉传感技术、人工智能技术、高速计算与并行计算技术以及人的行为学研究等多项关键技术的发展。[②]如《培智学校义务教育国家课程标准（2016 版）》生活适应课程中“国家与世界”部分有“了解一些风景名胜和文物古迹”的教学目标。为了达成这一教学目标，课堂教学中可以借助 VR 技术突破时空局限，让学生戴上立体眼镜、数据手套等特制的 VR 设备，让他们有机会看到蜿蜒的万里长城、雄伟的天安门、恢宏的兵马俑等风景名胜和文物古迹，并仿佛置身于具有三维的视觉、听觉、触觉甚至嗅觉的感觉世界。这种前所未有的关系为学生带来浸入式、交互式的学习体验，对于学生理解幅员辽阔、历史悠久的祖国，激发民族自豪感有着积极的作用，同时也有利于初步建立人机交互的创新体验式教学模式，为教师提供多层次的信息

---

① 赵晓嬿．增强现实技术在基础教育教材领域的应用现状及发展策略［J］．出版科学，2019，27（6）：93-97.

② 百度 AI 开放平台 - 全球领先的人工智能服务平台［EB/OL］．（2020-03-07）．https：//ai.baidu.com/.

化教学资源。

2. **人脸及人体识别技术在教学内容形象化中的应用**

人脸识别技术包含人脸检测与属性分析、人脸对比、人脸搜索、活体检测、人脸融合、人脸离线采集等能力，能灵活应用于金融、安防、零售等行业场景，满足身份核验、人脸考勤、闸机同行等业务需求。①人脸识别技术可以大量应用于有人物的教学中，如：生活语文课程中人物相关的教学内容，劳动技能、运动与保健等课程中需要人物示范教学的部分等。以生活语文课程为例，情绪词汇的学习一直是特殊学生较难掌握的内容之一，借助人脸识别技术可以将"高兴、伤心、惊讶、愤怒、厌恶、恐惧"等情绪词汇呈现为形象、丰富的可视化表情，同时识别学生在适当场合和时机中表现出的表情，返回置信度分数，帮助教师及时了解学生词汇的掌握情况，并给予相应的鼓励性反馈。

人体识别技术是指准确识别图像中的人体相关信息，提供人体检测与追踪、关键点定位、人流量统计、属性分析、行为识别、人像分割、手势识别等能力，能支持本地服务器或专有云服务器私有化部署，保障业务数据的私密性和安全性。②基于某AI开放平台中人体识别技术下的手势识别和人像分割能力，教师可以将教学内容中抽象的文字转化为学生容易理解的感官刺激。以生活语文课程中比喻修辞手法教学为例，在教导学生理解"观众发出雷鸣般的掌声"这一比喻句的过程中，教师可以借助手势识别技术，在AI识别到全部学生都做出"鼓掌拍手"的动作后，就发出掌声雷动的声音，让学生以听觉感知到这一比喻句的含义，并真实体会到雷鸣般掌声所营造出来的激动、热烈的氛围。

3. **语音技术在课堂沟通对话中的应用**

语音技术采用国际领先的流式端到端语音语言一体化建模算法，将语音快速准确识别为文字，支持手机应用语音交互、语音内容分析、机器人对话等多个场景。③基于某AI开放平台中语音识别和语言合成能力将教学内容中的沟通对话部分进行符合角色特征的呈现，根据不同场景的需求对音库的语速、音调、音量进行灵活设置，如男人、女人、老人、儿童、小动物等角色的对话，让学生对于教学内容有形象化的认识，使得教学资源更具有多样性，并且满足个性化需求。同时，语音技术还能对学生在学习过程中的声音进行合成和识别，变成更贴近角色的语言，营造更身临其境的感受，提高学

---

①②③ 百度AI开放平台－全球领先的人工智能服务平台［EB/OL］.（2020-03-07）. https://ai.baidu.com/.2020-03-07.

生学习的参与度，促进学生词汇量、声调及语气的控制与变化、口语流畅度和即兴口语创作等语言能力的发展。

4. 图像技术在教学反馈中的应用

图像技术能精准识别超过十万种物体和场景，包含多项高精度的识图能力并提供相应的 API 接口服务，充分满足各类个人开发者和企业用户的业务需求。[①]图像技术可以识别教学过程中物品的名称、属性等信息，即时给予学生反馈。如《培智学校义务教育国家课程标准（2016 版）》劳动技能课程中年段家务劳动技能中的厨房劳动项目下，有“无明火条件下使用炊具制作简单饭菜”的教学目标，因此，教师设计“学习使用电饭锅煮饭”这一教学内容。在教导学生认识电饭锅的过程中，教师可以让学生先自行观察电饭锅的构造，真实感知电饭锅的各个部分，然后以人机互动的形式，借助图像技术由 AI 反馈学生他现在拿的是电饭锅哪个部分以及该部分的作用是什么。这一教学形式不仅可以提升学生学习的积极性，同时以感知为起点的发现学习符合“以生为本”的课程改革理念。此外，图像技术还可以应用于学生的书面作业、绘画作品的分析反馈，了解学生对教学内容的掌握情况以及作品中反映出的个人知识储备、能力发展层次、情绪状态等重要内容，为教师精准评估学生能力提供重要依据。

三、健全评价机制，提升个别化教育实施质量

由于教育具有丰富性、多样性、复杂性与艺术性等特征，不会有关于好课的唯一量化标准，在某些方面，教育是不可计算、不可统计的。[②]对于特殊教育而言，这一点更为明显，因为特殊儿童的进步往往不是一蹴而就的，它以一个更长的时间线为线索，能力提升更无法体现在纸笔测验和升学进修上。但是随着社会的发展，教育必然将由一门学科发展为一门科学。因此，改变依赖专家经验、主观判断、人为总结的评价范式，健全评价机制，势在必行。

德国学者希尔伯特・迈尔在《怎样上课才最棒：优质课堂教学的十项特征》中总结道：清晰的课堂教学结构、高比例的有效学习时间、促进学习的课堂氛围、教学内容清晰明确、创建意义的师生交流、教学方法多样化、促

---

① 百度 AI 开放平台 – 全球领先的人工智能服务平台［EB/OL］.（2020-03-07）. https://ai.baidu.com/.

② 孙众. “人工智能 + 教育”应“知人知面更知心”［J］. 教育家，2019，201（45）：35-36.

进学生个体发展、巧妙安排练习任务、明确的学习成果期望、完备的课堂教学环境，是好课的十大特征。[①] 将这些饱含着教育智慧和真知灼见的观点结合特殊教育课堂教学实际的情况做出调整，设计出可量化的维度和统计指标，努力将课堂教学质量评价的理论转化为有科学标记计量的方法，可有效提升个别化教育实施质量。

① 迈尔．怎样上课才最棒：优质课堂教学的十项特征［M］．上海：华东师范大学出版社，2011．